Wolfgang Will

DIE PERSERKRIEGE

C.H.Beck

In Erinnerung an Manfred Seidler

Mit 11 Abbildungen und 3 Karten

Die erste Auflage dieses Buches erschien 2010.

2., aktualisierte Auflage. 2019
Originalausgabe
© Verlag C.H.Beck oHG, München 2010
Satz: Fotosatz Amann, Memmingen
Druck: Druckerei C.H.Beck, Nördlingen
Reihengestaltung Umschlag: Uwe Göbel (Original 1995 mit Logo),
Marion Blomeyer (Überarbeitung 2018)
Umschlagabbildung: Grabmal des Leonidas, Sparta,
© mauritius images/José Fuste Raga
Printed in Germany
ISBN 978 3 406 73610 0

www.chbeck.de

Inhalt

Einleitung: Griechen und Perser

Im Jahre 500 oder 499 begann an der kleinasiatischen Westküste ein Aufstand der dort lebenden Griechen gegen die persische Herrschaft, über dessen Gründe schon in der Antike
gestritten wurde. An diesem Krieg beteiligte sich unter dem
Vorwand der Verwandtenhilfe (Attika galt als Heimatland der
ionischen Griechen) kurzfristig auch die weit abgelegene Stadt
Athen mit Schiffen, Truppen und eigenen imperialen Zielen. Erreicht wurde dabei, was verhindert werden sollte. Das wenig
durchdachte Unternehmen provozierte einen Angriff der Perser
gegen Athen. Die damit verbundenen Kämpfe in den Jahren von
490 bis 479 v. Chr. gingen dann als Perserkriege (aus der Perspektive der Griechen gesehen) in die Geschichte ein. Insgesamt
währten die Auseinandersetzungen zwischen Griechen und Persern wesentlich länger. Sie begannen mit der Eroberung des Lyderreiches durch Kyros den Großen um 547/6 und gingen erst
mit dem Asienfeldzug Alexanders des Großen (334–323) zu
Ende.

Schon in mythischer Zeit wurde zwischen Ost und West ge-
stritten: Die Amazonen drangen bis nach Athen vor, und die
Griechen zerstörten mit Unterstützung von Heroen und Göt-
tern Troja. Selbst wenn nach 479 kein weiteres persisches Heer
Europa betrat, so wurde dennoch das 5. Jahrhundert, das Zeitalter der Klassik, ein Jahrhundert der Griechen und Perser. Statt
Reitern und Bogenschützen kamen Gold und Gesandte, und im
Verbund waren die Letzteren effektiver als Truppen. Griechische
Poleis gerieten in eine finanzielle und zeitweilig auch politische
Abhängigkeit vom Großkönig. Die Ursache lag darin, dass sie
weit mehr Sinn darin sahen, sich untereinander zu bekämpfen
als diesen. Dem ganzen Streit machte erst der Aufstieg einer
neuen Großmacht am nördlichen Rand der Ägäis ein Ende: Makedonien. Innerhalb weniger Jahre besiegten erst Philipp II.,

dann sein Sohn Alexander Griechen wie Perser. Nahezu gleichzeitig mit dem Untergang des Perserreiches verloren die Griechen die Reste ihrer Autonomie und hatten nun Veranlassung, sich der ruhmreicheren Vergangenheit zu erinnern, die das zweite Jahrzehnt des 5. Jahrhunderts bildete.

Diese Erinnerung hatte sich mit der Niederschrift durch den Vater der Geschichtsschreibung, Herodot, bereits ein knappes halbes Jahrhundert nach den Ereignissen verfestigt – unabhängig davon, dass es weiterhin untereinander konkurrierende lokale Versionen gab. Es kämpften damals ja nicht *die* Griechen, sondern ein Zusammenschluss von Lakedaimoniern, Athenern, Korinthern, Tegeaten und anderen Landsleuten. Was wir heute dank Herodot von den Perserkriegen wissen, ist, was die Griechen Mitte des 5. Jahrhunderts darüber dachten. Das ist eine Binsenweisheit, aber der Leser tut gut daran, sie sich in Erinnerung zu rufen. Es bedeutet auch, dass wir den Krieg ausschließlich aus der Sicht der Sieger kennen. Dies ist die übliche Perspektive, wie die Beispiele der Punischen Kriege und des Gallischen Krieges lehren. Nur der Peloponnesische Krieg des Thukydides zeigt die Wahrnehmung eines Verlierers. Ob sich allerdings die Großkönige Dareios und Xerxes als solche sahen, ist die Frage. Was für die Griechen auf eigenem Boden ein Kampf um Autonomie war, muss für jene nicht mehr als ein Scharmützel am Rande ihres riesigen Reiches gewesen sein. Es gibt jedoch keine Zeugnisse darüber, und so lässt sich über die genauen Motive und die Ziele der Invasionen nur spekulieren. Die Perserkriege sind in der Überlieferung ein griechischer Krieg, und mehr, als sich dessen bewusst zu sein, lässt sich gegen diese Einseitigkeit nicht tun. Das Bild der Barbaren, die meist mit den Persern gleichgesetzt werden, ist ebenso verzeichnet wie dasjenige des Xerxes. Vor allem ist die Antinomie von Freiheit und Knechtschaft, von Kultur und Barbarei, von Eunomie – der Herrschaft durch gute Gesetze – und Despotie Erfindung. Ohne sie wäre die Erinnerung an die Perserkriege freilich bald verblasst, denn dann hätten diese ihren Sinn für spätere Generationen und Völker verloren, denen sie Beispiel und Mahnung sein sollten.

Was die Zeitgenossen am meisten und die Historiker und Militärs des 19. und 20. Jahrhunderts noch besonders interessierte, der Verlauf der Kampfhandlungen, ist heute ohne Faszination. Zudem fehlt jede Möglichkeit, ihn in irgendeiner Weise zu rekonstruieren. Jeder der damals Beteiligten wollte sich und seine Polis im hellsten Licht des Schlachtenerfolges sehen, und mancher, der zu spät oder gar nicht kam, versuchte sich noch nachträglich in die Siegerlisten einzutragen. Herodot, einer der wenigen Zivilisten unter den antiken Historikern, war mit all den sich oft widersprechenden Erzählungen, welche die Marathon- (490) und Salamis-Kämpfer (480) verbreiteten, überfordert. Die Griechen, die sehr genau zählen konnten, wenn es um ihre Truppen und Schiffe ging, verloren jede Übersicht, wenn sich feindliche näherten. Von Millionen, die wenigen gegenüberstanden, berichtet auch Herodot, als wüsste er nicht, was solche Zahlen bedeuten. Er schrieb nieder, was ihm erzählt wurde, doch scheint er irgendwann auch die Geduld mit seinen Gewährsleuten verloren zu haben, denn seine Schlachtenberichte sind oft kurz und verworren. Schnell kommt er vom Allgemeinen auf das Schicksal Einzelner zu sprechen, und schon die Antike warf ihm vor, statt von den Taten der Sieger zu sprechen, habe er Anekdoten erzählt oder gar, wie zum Beispiel in der Salamis-Episode, eine Frau in den Mittelpunkt gerückt. Tatsächlich ergibt sich oft der Eindruck, die Griechen seien in erster Linie davongelaufen. Die Moderne hat dies, weil es zum Ausgang der Kämpfe nicht passte, dann als taktischen Rückzug interpretiert. Das mag so gewesen sein, aber vermutlich vermischen sich hier die Prahlereien der einen mit der üblen Nachrede der anderen. So wählten sich bei einer Abstimmung über den tapfersten Kapitän vor Salamis alle Befragten selbst auf den ersten Platz. Es bleibt, dass über Schlachtenverläufe nichts Gesichertes zu sagen ist, und so gilt das Interesse dieses Buches mehr dem, was die Griechen über ihre Gegner und sich selbst, ob Barbarenfreunde oder -feinde, dachten und wie Herodot dies alles zu einer über Jahrhunderte hinweg wirkmächtigen Darstellung verarbeitet hat.

Die unmittelbaren Folgen der Perserkriege erscheinen bei He-

rodot nur indirekt. Das Werk friert gleichsam den Moment ein,
der die Niederlage der Perser zur Gewissheit machte. Darüber
hinaus gibt es kein Resümee, keine Deutung, keinen Ausblick.
Die wichtigste Konsequenz, aus der sich die anderen ergaben,
kleidet Thukydides am Ende des 5. Jahrhunderts v. Chr. in einen
Satz: «Und die Athener, die beim Heranrücken der Perser entschlossen waren, ihre Stadt zu verlassen, packten ihre Habe,
gingen an Bord der Schiffe und wurden Seefahrer.» Mit ihrem
durch die Siege zur See gewonnenen Ansehen gründeten die
Athener einen Seebund, der eine Rückkehr der Perser verhindern sollte und schließlich über 400 Inseln und Küstenstädte
umfasste. «Nicht viel später» machten sie aus den Verbündeten
Untertanen und aus dem Gebiet des Bundes ein Reich. Mit der
wirtschaftlichen Prosperität kam auch eine kulturelle Blüte, die
den militärischen und politischen Niedergang überdauerte.
Dank des Selbstbewusstseins, das der vierte und unterste gesell-
schaftliche Stand, die Theten, als Ruderer der siegreichen Schiffe
aus den Perserkriegen schöpfte, entwickelte Athen ein System,
in dem der Demos – das Volk – zumindest an der Herrschaft
beteiligt war. Das aber ist ein anderes Kapitel, das unter dem
Namen «Perikleisches Zeitalter» so falsch wie einprägsam in
die Lehrbücher einging.

Herodot

Die Bedeutung der Perserkriege über die klassische Antike hinaus liegt in dem Mann, der sie beschrieb, Herodot, dem *pater historiae*, wie ihn Cicero nennt. Zunächst aber war es der Stoff, der erste gemeinsame Kampf der Griechen (oder zumindest eines großen Teiles von ihnen) nach dem mythischen Zug gegen Troja, der Herodot, den Ethnographen und Logographen, zum ersten Historiker des Abendlandes werden ließ. Die Zersplitterung von Hellas in untereinander verfeindete Städte mit unterschiedlichen Verfassungen bot kein Thema, das über die Polisgrenzen hinaus von Belang war, und das Interesse an der Vergangenheit erschöpfte sich in der Lektüre der Homerischen Epen. Erst das nach der überstandenen persischen Gefahr neu erwachte Selbstbewusstsein der Sieger verlangte nach einer Darstellung, in der sich der große Erfolg spiegelte. In Herodot schuf sich dieses kollektive Bedürfnis den Mann, der es zu stillen vermochte. Er war dafür besonders geeignet, denn er kannte beide Sphären, hatte auf seinen Reisen Länder gesehen, die dem Polisbürger verschlossen waren, und war frei von jener perserfeindlichen Hysterie, die seit dem Ionischen Aufstand im Mutterland Platz gegriffen hatte und ausgerechnet vom Perikleischen Athen, dem sich Herodot verpflichtet fühlte, in besonderer Weise geschürt wurde.

Herkunft und Reisen

Herodot wurde im Jahrzehnt zwischen den beiden persischen Invasionen um 484 v. Chr. als Untertan des Großkönigs in Halikarnassos, einer griechisch besiedelten Stadt an der Südwest-Küste Kleinasiens, geboren. Antike Autoren traten hinter ihrem Werk zurück. So wissen wir auch wenig von Herodot. Dass er aus Halikarnassos kommt, schreibt er selbst im Einleitungssatz seiner *Historien.* Aristoteles besaß eine Ausgabe des Werkes, in der als Heimatstadt Herodots Thurioi vermerkt ist, diejenige panhellenische Kolonie, die 444/3 auf Initiative der Athener auf dem Boden des 510 zerstörten Sybaris am Golf von Tarent gegründet worden war und in der Herodot angeblich auf dem Marktplatz begraben wurde. Einem byzantinischen Lexikon des 10. Jahrhunderts n. Chr. zufolge, der Suda, das die meisten biographischen Details bietet, wurde Herodots Familie in eine Auseinandersetzung mit dem Tyrannen von Halikarnassos verwickelt. Herodot musste auf die benachbarte Insel Samos fliehen, kehrte zurück, verließ aber die Heimat nach dem Sturz des Tyrannen erneut. Es sind die Erfahrungen eines Bürgers der Grenzregion mit ihren vielen kulturellen Einflüssen, aber auch diejenigen des Exilanten und schließlich die des Reisenden, die Herodot befähigten, ein Werk zu schreiben, das weit entfernt vom damals üblichen griechischen Patriotismus war. Was ihn auszeichnet, ist die Freude am Sehen, die *Theoria,* die als Zustand der Weltoffenheit im Gegensatz zu einer auf Geschäfte verengten *Praxis* steht. Herodot selbst hat das später am Beispiel des Solon beschrieben, der Athen «*kata theories prophasin*», aus Freude am Sehen, verlässt.

Auch Herodot bereiste die Welt, die es damals zu erkunden gab. Wann und in welcher Reihenfolge er die verschiedenen Länder und Kontinente besuchte, ist unbekannt. Dass er es getan hat, darüber gibt sein Werk Auskunft, auch wenn er sich nicht scheut, gelegentlich Reiseberichte anderer, wie zum Beispiel des Hekataios von Milet, abzuschreiben. Herodot hat Ägypten gesehen und beschrieben, er war im afrikanischen Kyrene, und er reiste auf dem Euphrat bis Babylon. Er fuhr über das Schwarze Meer bis nach Olbia und von dort weiter nach Norden ins Land der Skythen, er kannte Thrakien und auch Makedonien. In Kleinasien wurde er geboren, zeitweilig lebte er im griechischen Mutterland, und in Unteritalien starb er. Das große Interesse der Zeitgenossen an Herodots Vorträgen speiste sich aus dessen Kenntnis fremder Länder und Gebräuche. Er trug – so die antiken Zeugnisse – in Korinth vor, in Theben, Athen und Olympia, aber sicherlich auch in anderen Städten.

Seine Zuhörerschaft soll nach Tausenden gezählt haben, in Athen erhielt er, dem attischen Historiker Diyllos zufolge, zehn Talente für seine Lesungen, ein Betrag, mit dem die Stadt eine Triere mit 200 Mann Besatzung fast ein Jahr lang finanzieren konnte. Eine Ehrung durch den Rat von Athen datiert Eusebios in seinen *Chronika* ins Jahr 445, doch der Historiker hat sicher schon früher Athen besucht. Herodots spätes Thema sind sicherlich die gemeinsam errungenen Siege der Griechen, aber seine ersten Erfolge hatte er mit den Reiseberichten. Es ist schwer vorstellbar, dass er die thebanischen Zuhörer mit Schilderungen ihrer Kollaboration mit Xerxes unterhielt.

Das Werk

Herodot begann wohl erst in den späten vierziger oder frühen dreißiger Jahren sein Werk niederzuschreiben. In jedem Fall arbeitete er noch während des Peloponnesischen Krieges (431–404) daran, denn er nimmt dreimal auf ihn Bezug. In einer Komödie von 425, den *Acharnern*, parodiert Aristophanes die Frauenraubgeschichten aus Herodots Prolog – dessen *Historien* müssen also Mitte der zwanziger Jahre vorgelegen haben. Das bestätigt auch Thukydides, der schon in der früh geschriebenen «Archäologie» auf seinen Vorgänger eingeht, auch wenn er ihn nicht mit Namen nennt.

Durch die späte Abfassung bekommt das Werk bereits einen Doppelcharakter. Herodot feiert einen historischen Sieg; und er sieht – aus der unteritalischen Distanz sicherlich besser als die mutterländischen Griechen – die negativen Folgen dieses Sieges, Streit und Selbstzerstörung: «Denn über Hellas kam zur Zeit des Dareios …, des Xerxes … und des Artaxerxes …, also innerhalb dreier Menschenalter, mehr Unglück als in den zwanzig Menschenaltern vor der Zeit des Dareios. Teils brachten die Perser dies Unglück über Hellas, teils die hellenischen Großen selber, die miteinander um die Macht kämpften», beklagt er bereits im 6. Buch (98.2). So verwundert es nicht, wenn dem Werk der triumphale Schluss fehlt. Vieles spricht jedoch dafür, dass die mahnende Sentenz, mit der das überlieferte Werk nach der

Schilderung der Kämpfe von 479 endet, auch genau der von Herodot beabsichtigte Abschluss ist.

Der Historiker gab seinem Werk keinen Titel, die Einteilung in neun Bücher nach den neun Musen (Klio, Euterpe, Thalia, Melpomene, Terpsichore, Erato, Polyhymnia, Urania, Kalliope) stammt erst von späteren Philologen in Alexandria. Stattdessen bietet sich eine Zweiteilung an, die der Historiker durch eine als zweites Vorwort zu verstehende Szene zu Beginn des siebten Buches selbst vorgibt. Der erste Teil enthielte demnach den Aufstieg und die Expansion der Perser und die Geschichte der mit ihnen – freiwillig oder unfreiwillig – in Kontakt tretenden Völker und Staaten, der zweite Teil den Angriff und die Abwehr des Großkönigs Xerxes.

Vorwort und Absicht

Herodots Darstellung mündet in einem eindrucksvollen Finale in die Schilderung der großen Perserschlachten. Sein Vorhaben ist jedoch umfassender und keineswegs national eingegrenzt. In einem ungelenk anmutenden Vorwort hat er sich und seine Ziele vorgestellt. Es ist der erste Satz der europäischen Geschichtsschreibung, und er räumt Griechen und Nichtgriechen ohne Einschränkung den gleichen Rang ein: «Des Herodot von Halikarnassos Darlegung der Erkundung ist diese, auf dass weder das von Menschen Geschehene durch die Wirkung der Zeit verblasse noch die großen und staunenswerten Werke, ob sie nun von Hellenen, ob von Barbaren aufgewiesen wurden, ohne Kunde würden; das andere, und insbesondere, aus welcher Verschuldung sie miteinander Kriege geführt haben.» (W. Schadewaldt).

Das Erste, mit dem sich der Historiker konfrontiert sieht, ist das Problem der «allherrschenden Zeit», des *Pankrates Chronos*. Herodot hat das von den Tragikern gelernt, insbesondere von Sophokles, mit dem er befreundet war: «Die lange und zahllose Zeit, sie lässt hervorgehen alles, was unsichtbar ist, und versenkt wieder ins Verborgene die Dinge, die in die Erscheinung getreten und offenbar sind» (W. Schadewaldt), schreibt Sophokles im «Aias» (646–7). Dagegen führt Herodot den Kampf für die Erinnerung an die Perserkriegszeit, wie es Homer für die Helden von Troja getan hatte. Herodot freilich beschränkt sich nicht auf Krieg – alles, was von Menschen (nicht von Heroen und Göttern) hervorgebracht, erdacht, gesagt und getan wurde, ist sein Thema. Dafür hat er seine Erkundung (gr. *historie*) eingezogen, die er nun darlegen will. Noch sind Erkundung und Niederschrift zwei Wörter, später wird für beides ein einziges genügen, nämlich Historie. Für Herodot ist beides gleich wichtig, die Erkenntnis muss auch einen ihr gemäßen literarischen Ausdruck finden: Der Historiker ist gleichzeitig auch Künstler; eine Meinung, die auch der große Altertumsforscher und Literaturnobelpreisträger Theodor Mommsen teilte. «Der Geschichtsschreiber gehört vielleicht mehr zu den Künstlern als zu den Gelehrten», sagte er in seiner an der Friedrich-Wilhelms-Universität zu Berlin gehaltenen Rektoratsrede von 1874. So unterbricht Herodot seine geschichtliche Darstellung auch immer wieder, um Aussprüche und Anekdoten einzustreuen, novellenartige Geschichten gleichsam abseits des Weges zu erzählen. Der Satiriker Lukian wollte ihn deswegen im 2. Jahrhundert n. Chr. auf die Lügeninseln verbannen, und Cicero sprach von «*innumerabiles fabulae*». Doch Herodot wollte sein Publikum mindestens genauso unterhalten wie bilden, auch wenn ihm das die Kritik seines Nachfolgers Thukydides eintrug, der sein eigenes Werk frei von den «Glanzstücken für einmaliges Hören» wissen wollte. Herodots Geschichten, wie etwa diejenige um den König Kroisos (1.26–91), illustrieren die Unbeständigkeit des menschlichen Schicksals, wie sie der Historiker zeigen will. Städte, die mächtig waren, verfielen, Staaten, die unbedeutend waren, wurden groß. Er wisse, schreibt er im Prolog, dass menschliche Größe und Herrlichkeit nicht von Dauer seien, und so wolle er der Schicksale beider, der Untergegangenen und der Aufgestiegenen, in gleicher Weise gedenken. Herodot schreibt vom Glück und Unglück der Menschen; die Götter sind nicht ausgeblendet, ja sie greifen – zänkisch und neidisch wie die Sterblichen – in deren Geschicke ein, doch über ihr eigenes Handeln gebieten die Menschen. Erst als Xerxes das ihm gebotene Maß überschreitet, ereilt ihn die Nemesis, die Rache der Götter.

Inhalt und Chronologie

Herodot schließt sein Einleitungskapitel mit der Überleitung zu den Ursachen des griechisch-persischen Konflikts. Dies sind zunächst die mythologischen Frauenraubgeschichten, beginnend mit den Königstöchtern Io und Europa über Medeia bis Helena. Er lässt jedoch den Trojakampf und Homer rasch hinter sich und beginnt seine Darlegung mit einer Zeit, für welche die Erinnerung noch trägt. In Kapitel 1.6 und ungefähr 550 v. Chr. nimmt das eigentliche Thema seinen Anfang: «Kroisos war der Erste der Barbaren, von dem wir wissen, dass er einen Teil der Hellenen unterworfen und tributpflichtig gemacht hat.» Es folgt der lydische *Logos* (Darstellung, Schrift, Rede) und darin die Geschichte der Lyder und ihres letzten Herrschers Kroisos, die schließlich in die seines Bezwingers Kyros des Großen übergeht, der – so Herodot – die Griechen in Kleinasien ein zweites Mal unterwarf, indem er Kroisos unterwarf. Eingebettet in diese Ausführungen, ist die Darstellung der sich ungefähr zur gleichen Zeit vollziehenden Vorgänge in Sparta und im Athen der Peisistratiden. Das zweite Buch ist gänzlich Ägypten gewidmet, das vom Nachfolger des Kyros, von Kambyses, bekriegt wird. Das dritte Buch führt von Kambyses zum Großkönig Dareios und behandelt das Perserreich und seine Provinzen. Dareios' Krieg gegen die Skythen und sein Feldzug in Afrika geben in Buch Vier Gelegenheit zu *Logoi* über die entsprechenden Völker und Städte. Das fünfte Buch greift bereits nach Europa über, Makedonien und Thrakien rücken in das Blickfeld des Dareios bzw. Herodots. Mit Kapitel 5.28 ist das engere Thema erreicht und wird nun nicht mehr durch größere Logoi unterbrochen, Griechen und Perser prallen nun in direktem Konflikt aufeinander. Herodot erzählt, wobei er wiederum Vorgänge in Sparta und Athen einwebt, die Vorgeschichte und die Gründe des Ionischen Aufstandes in seiner kleinasiatischen Heimat. Das sechste Buch umfasst die Ereignisse der Dekade von 500 bis 490, die Eroberung des kleinasiatischen Sardes, die Gegenoffensive der Perser, den sogenannten ersten Griechenfeldzug des Mardonios und die Schiffsinvasion von Datis und Artaphernes, bevor dann der Konflikt mit dem Angriff des Xerxes seinen Höhepunkt und Abschluss findet.

Der rote Faden, der durch das Labyrinth von *Logoi* und erzählerischen Abschweifungen führt, ist die Genealogie der Barbarenkönige, des Lyders Kroisos und dann der Perser Kyros, Kambyses, Dareios und Xerxes. Die Exkurse über fremde Völker sind immer dort eingeschoben, wo diese mit jenen in Berührung kommen. So weiten sich die Kriege zwischen Persern und Griechen zu einem Panorama der Oikumene – des bekannten Kulturraums –, das bis Indien reicht.

Mit seiner Königsliste findet Herodot auch einen ersten Ansatz, den chronologischen Wirrwarr zu lösen, den das Fehlen einer einheitlichen Zeitrechnung mit sich brachte. Jede griechische Polis besaß ihre eigene Datierung nach wichtigen Amtsträgern wie Archonten, Ephoren oder Priesterinnen, die freilich außerhalb der jeweiligen Stadt keine Geltung besaß. So nennt Herodot für die Zeit der Perserkriege nur ein einziges fixes Datum, das Jahr des athenischen Archonten Kalliades (480/79), von dem sich nun durch gelegentliche Angabe von Abständen in Tagen, Monaten und Jahren eine mal mehr, mal minder genaue Chronologie, sowohl nach hinten zum Beginn des Ionischen Aufstandes wie nach vorne zur Eroberung von Sestos, errechnen lässt.

Methode und Quellen

Herodots Kenntnisse beruhen vorwiegend auf seiner Befragung von Augenzeugen (*Historie*). Für seine Reiseberichte besaß er in der «Erdbeschreibung» des Logographen (eine Thukydides entlehnte Benennung der Prosa-Autoren vor Herodot) Hekataios von Milet eine schriftliche Vorlage, die er zum Beispiel im ägyptischen Logos ausgiebig benutzte. Historiographische Quellen aber entfielen für den *pater historiae* per se. An schriftlichen Zeugnissen verwandte er Orakelsammlungen, las Dichter wie Simonides und Pindar, vor allem aber die Tragiker, soweit sie wie Aischylos und Phrynichos historische Themen behandelten, studierte Genealogien, Archonten- und Feldherrenlisten, schrieb Inschriften wie jene auf der berühmten Schlangensäule von Delphi, auf den Grabmonumenten der Thermopylen und in Marathon ab. Die Liste der persischen Satrapien (Verwaltungsbezirke), der persische Schiffskatalog und die Aufzählung der persischen Heerführer bzw. Truppen müssen auf amtlichen Aufzeichnungen beruhen. Ansonsten schrieb Herodot nieder, was er mit eigenen Augen sah (_Autopsie_), als Antwort auf seine Erkundung (_Historie_) hörte und mit seinem kritischen Urteil (_Gnome_) abgewogen hatte. Herodot war sich des Problems der Augenzeugen (_paróntes_) bewusst, deren Wissen mit jedem Jahr, das seit dem geschilderten Ereignis vergangen war, umfangreicher und detaillierter wurde. Er wusste, dass sie «nicht dasselbe über dasselbe berichteten, sondern je nach Gunst und Gedächtnis», wie es Thukydides später formulierte.

Es sind aber vor allem kollektive Erinnerungen, sei es von Familien, von Völkern oder Städten, auf die sich Herodot bezieht. So gibt es eine mündliche Überlieferung zum Adelsgeschlecht der Alkmeoniden in Athen, eine für und eine gegen den Spartanerkönig Demaratos. Vor allem hatte jede Polis eine eigene, gleichsam festgefrorene Überlieferung zu den Ereignissen der Perserkriege, an denen sie beteiligt war, und die sich wieder von der jeder anderen unterschied. Einig waren sich die Griechen, zumindest sofern sie dem Hellenischen Bund angehörten, nur über den Umstand, dass sie gesiegt hatten, nicht aber, auf welche Weise. Herodot sucht sich oft aus dem Gezänk herauszuhalten, indem er mit den Formulierungen «die Athener sagen», «die Spartaner behaupten», «die Korinther erzählen» den Ursprung der eingefügten Version mitteilt. Er versucht, jede Seite zu Wort kommen zu lassen, auch die des «größten Sünders», doch ganz ohne Resignation geht das nicht. Schließlich zieht er sich auf die Position zurück, seine Pflicht sei es, alles, was er gehört habe, zu berichten (_referre relata_), keinesfalls aber, alles Berichtete zu glauben. So dominieren die Meinungen, und auch Herodot besaß eine deutlich erkennbare. Gegenüber den Persern hegte er wenige Vorurteile – der Biograph Plutarch (ca. 45 bis nach 120 n. Chr.) stempelt ihn sogar zum Barbarenfreund –, doch galt seine Vorliebe zweifellos den Athenern. Zwar unternahm er es, den Spartanern, so gut es ging, gerecht zu werden, doch seine mit Überzeugung vorgetragene Behauptung, die Athener seien die Retter Griechenlands, war in einer Zeit, als der Krieg zwischen beiden Mächten schon ausgebrochen war und die Mehrzahl der griechischen Städte auf Seiten Spartas stand, nicht allein mutig, sondern auch eine entschiedene Parteinahme. Herodots Werk erschien nicht zu spät. Im Zwist des Bürgerkriegs erinnerten sich die Griechen gern vergangener Erfolge.

Die außer-herodoteische Überlieferung

Herodot befragte Zeitgenossen der Perserkriege, aber er selbst war keiner. Der Tragiker Aischylos (525/4–456) kämpfte bei Marathon und bei Salamis, und er lieferte auch, im Jahre 472, den ersten und einzigen Augenzeugenbericht. Aischylos schrieb eine Tragödie, kein Geschichtswerk; was er darin über Salamis zu sagen hat, ist verkürzt, dramatisch verformt, in der Skizzierung des Verlierers verzeichnet. Mit der sittlich-religiösen Deutung des Geschehens durch ihn kommt der Mythos von der bestraften persischen Hybris in die Welt, es entsteht ein Stimmungsbild, nach dem es die athenischen Sieger im Jahrzehnt nach Salamis verlangte. Darin liegt der Wert des Stückes als historische Quelle. Dasselbe gilt auch für die Epigramme und Gedichte des Simonides (ca. 557/6–468/7) und des Pindar (ca. 522/18 bis nach 446). Sie spiegeln das Nacherleben des großen Ereignisses, seine Wirkung und seinen Stellenwert in der Geschichte des 5. Jahrhunderts. Der Bezug, den die attischen Redner des 4. Jahrhunderts auf die Perserkriege nehmen, ist politisch bedingt und ideologisch verformt. Während ein Mann wie der Publizist Isokrates noch versucht, den Lakedaimoniern gerecht zu werden, dienen die Verweise beim Redner Demosthenes nur noch der Verherrlichung der athenischen Vergangenheit, deren ruhmvoller Zenit nicht in der bei den meisten Griechen verhassten athenischen *Arché* (Reich, Herrschaft, Führung) gesucht wird, sondern in der Zeit von Marathon (490) bis Plataiai (479). Gleichzeitig dient das Beispiel der Perserkriege nach 350 als Aufruf zum Kampf gegen die «neuen» Barbaren, die nun in Makedonien lokalisiert werden, dessen imperiale Politik als Bedrohung der griechischen «Freiheit» empfunden wurde.

Ebenfalls aus dem 4. Jahrhundert v. Chr. stammt die verlorene Universalgeschichte des Ephoros, dessen Darstellung der Perserkriege allerdings weitgehend in die für die Zeit von 480 bis 301 erhaltene *Bibliotheke* des Diodor aus dem 1. Jahrhundert v. Chr. eingegangen ist. Ephoros benutzte über Herodot hinaus auch attische Lokalchroniken, doch das Plus an zusätzlichen Nachrichten ist meist Ausschmückung oder Fehlinformation. Der Historiker verwandte auch die *Persiká* des Ktesias von Knidos – eines Griechen, der sich um die Wende vom 5. zum 4. Jahrhundert als Leibarzt des Großkönigs am persischen Hof aufhielt. Seine persische Geschichte, die in den 390er Jahren entstand und vom legendenumwobenen Assyrerkönig Ninos bis zum Jahr 398 führt, verstand sich als Kritik an Herodot, aber über Mirakulöses und Romanhaftes kam der Autor kaum hinaus.

Die lateinische Universalgeschichte des Pompeius Trogus aus dem 1. Jahrhundert v. Chr. ist nur in der stark gekürzten Fassung des Iustin erhalten und bietet ebenso wie die mit deutlich übertriebenen Zahlen operierende christliche Weltgeschichte des Orosius aus dem 5. Jahrhundert n. Chr. wenig. Beide sind lediglich für das Bild, das sich das Mittelalter von der griechischen Geschichte machte, interessant. Im 2. Jahrhundert n. Chr. veröffentlichte Plutarch drei Biographien über die athenischen Sieger der Perserkriege: Miltiades, Aristeides und Themistokles. Sie geben Details über Herodot hinaus, doch steht die Zuverlässigkeit der von Plutarch zusätzlich benutzten Quellen in Frage. Die gleichnamigen lateinischen Kurzbiographien des Cornelius Nepos (1. Jh. v. Chr.) enthalten kaum Neues, abgesehen davon, dass mit Pausanias hier auch ein «Regent» der Spartaner zur Zeit der Perserkriege gewürdigt wird.

Unter den Monumenten ragt als Zeugnis die Schlangensäule von Delphi heraus, die 1959 gefundene Themistokles-Inschrift von Troizen ist immer noch in ihrer Echtheit umstritten. Archäologische Funde bereichern die Kenntnisse über die großen Schlachten von Marathon bis Plataiai; im sogenannten Perserschutt der Akropolis – eine Folge der Zerstörung durch die Invasoren – fanden sich Statuen, Architekturfragmente und Münzen, welche die Zeit vor dem Xerxeszug erhellen.

Vor dem Krieg

Lyder und Perser

Die Vorgeschichte der Perserkriege beginnt mit einem Lyder. Der kleinasiatische König Kroisos, so entscheidet Herodot, ist der Erste, von dem er mit Sicherheit weiß, dass er die Feindseligkeiten gegen die Griechen eröffnete. Er unterwarf die Griechenstädte Kleinasiens – und so steht am Anfang des griechischen Triumphes eine Niederlage. Die Figur des Kroisos ist für Herodot ein Medium für Legenden aus der frühen Geschichte der Griechen. Er erzählt in diesem Zusammenhang die Geschichte von der Begegnung mit dem weisen Athener Staatsmann Solon (ca. 640–ca. 560), der dem König die Vergänglichkeit aller Macht vor Augen führte, und vom Besuch des eher materiell interessierten Atheners Alkmaion (6. Jh. v. Chr.), der sich in der Schatzkammer des Kroisos das Vermögen zusammenraffte, das die Grundlage für den Aufstieg seiner Familie legte (Herodot 6.125).

Die Regierungszeit des Kroisos fällt etwa in die Jahre 561/0 bis 547/6. Das lydische Reich, das er regierte, umfasste, ausgenommen Lykier und Kilikier, die Völker westlich des Flusses Halys, der von Süden kommend ins Schwarze Meer mündet und somit eine natürliche Grenze im nordöstlichen Kleinasien bildet. Kroisos gelang es, die asiatischen Festlandsgriechen zu unterwerfen und sie – mit unterschiedlichen Konditionen – zur Zahlung eines regelmäßigen Tributs (*Phoros*) zu zwingen. Ephesos und Milet erhielten Sonderbedingungen; mit den Griechen auf den vorgelagerten Inseln schloss er einen Freundschaftsvertrag.

Anders, als es das Ergebnis vermuten lässt, war der lydische Versuch, auch nach Osten zu expandieren, durchaus planvoll vorbereitet. Kroisos bemühte sich um Bundesgenossen und fand sie, zumindest formal, in Ägyptern, Babyloniern und Lakedaimoniern. Beim Orakel von Delphi erkaufte er sich durch große Weihegeschenke psychologische Hilfe. «Wenn Du den Halys überschreitest, wirst Du ein großes Reich zerstören», lautete nach Herodot der Spruch der Pythia, der Kroisos gab, was er wünschte, und gleichzeitig das vermutlich nicht erwartete Scheitern einkalkulierte. Ob es mehr ist als eine schöne – und nur für Kroisos unerfreuliche – Geschichte, lässt sich nicht sagen. Kroisos jedenfalls überschritt den Fluss, eroberte die kappadokische Hauptstadt Pteria, musste sich aber nach einem persischen Gegenschlag in seine eigene Residenz in Sardes zurückziehen, die nach kurzer Belagerung fiel. Ob Kroisos dabei getötet oder, wie Herodot will, von Kyros begnadigt wurde, wird unterschiedlich überliefert. In jedem Fall markiert der Sturz des Kroisos den Beginn des großen griechisch-persischen Dualismus, der über 200 Jahre lang, bis Alexander der Große das Perserreich zerstörte, die Geschicke des östlichen Mittelmeerraumes bestimmen sollte.

Es ist die Dynastie der Achaimeniden, denen die Griechen in dieser Zeit gegenüberstehen, und begründet hat sie und das persische Weltreich der Bezwinger des Kroisos, Kyros, dem schließlich das Epitheton «der Große» beigelegt wurde. Selbst erst zu Beginn der fünfziger Jahre auf den Thron gelangt, eroberte er schnell von seinem Stammland, der Persis, aus das «Reich der Meder» mit der Residenzstadt Ekbatana. Drei Jahre später stand er schon am Halys und kurz darauf an der kleinasiatischen Westküste, ehe die Ägäis ein weiteres Vordringen verhinderte, zu dem ihm, vor der Annektierung Phönikiens, einstweilen auch die meerestaugliche Flotte fehlte.

Angeblich hatte Kyros die kleinasiatischen Griechen noch vor seinem Sieg aufgefordert, von Kroisos abzufallen. Für diese bestand aber kein Anlass, vorzeitig die Herren zu tauschen. Die Griechen beteiligten sich mit eigenen Kontingenten am Zug des Kroisos und, nach dessen jähem Ende, am Aufstandsversuch des von Kyros eingesetzten lydischen Schatzmeisters Paktyes. Nach der Niederschlagung wurden die Küstenstädte, die sich den neuen Herrschern nicht ergaben, unterworfen, allein Milet, das rechtzeitig die Seite gewechselt oder an der Rebellion nicht teilgenommen hatte, konnte einen Vertrag auf der Basis der bisherigen Bedingungen abschließen. Politisch wurde eine Unfreiheit gegen die andere ausgetauscht, die Verschlechterung für die Griechen bestand vor allem darin, dass ihre Bedeutung im riesigen Perserreich schwand. Die Zentralmacht war nicht mehr in Sardes, sie hatte sich in die fernen Regierungsstädte Susa und Ekbatana verlagert. Statthalter vertraten in der neu geschaffenen lydischen Satrapie mit Sardes als Residenz den Großkönig. Wirtschaftlich erschlossen sich über die persischen Reichsstraßen neue Gebiete, doch war deren Bedeutung für die Ionier nicht ausschlaggebend: Ihr Handel wurde über das Meer abgewickelt.

Spartaner und Athener

Die späteren Hauptgegner jenseits der Ägäis, Athen und Sparta, auf welche die Perser rund 60 Jahre später treffen sollten, waren zu dieser Zeit noch wenig bedeutende Stadtstaaten. Immerhin hatte sich Sparta Mitte des 6. Jahrhunderts zur wichtigsten Kraft auf der Peloponnes entwickelt und Konkurrenten wie Tegea und Argos überflügelt. Das Bündnis mit Kroisos belegt zudem die frühe Bereitschaft, sich auch auf überseeische Interventionen einzulassen. Zu etwa dieser Zeit begann Sparta auch, ein eigenes Bündnissystem mit niedrigem Organisationsgrad zu etablieren, das etwas zu Unrecht – denn die Mitglieder konnten durchaus gegeneinander Krieg führen – als Peloponnesischer Bund bezeichnet wurde. Die Kenntnisse über die Frühzeit des Bündnissystems sind gering. Offenbar schloss Sparta mit verschiedenen Städten der Peloponnes Einzelverträge ab, welche die Bündner bei innerer Autonomie zur Heeresfolge verpflichteten. Für ein gemeinsames Unternehmen war allerdings eine Mehrheitsentscheidung erforderlich. Gegebenenfalls musste Sparta auch auf die Unterstützung einzelner Verbündeter verzichten, doch war es am Ende des Jahrhunderts, unabhängig davon, schon zur stärksten militärischen Landmacht in Griechenland aufgestiegen.

Athens Weg durch das 6. Jahrhundert lässt sich dank Aristoteles und Herodot besser verfolgen. Die erste große soziale Krise hatte Solon entschärft, indem er vor allem die Schuldknechtschaft aufhob. Seine Reformen festigten das Polisgefüge, sie bewahrten den Staat vor einem Bürgerkrieg, konnten aber die Etablierung einer Tyrannis – einer nicht legitimierten Alleinherrschaft –, wie sie schon zuvor in vielen griechischen Städten ausgeübt worden war, nicht verhindern. Der Mann, der in der zweiten Jahrhunderthälfte zunächst die Geschicke der Stadt bestimmte, war der Tyrann Peisistratos, der 546, kurz nach der Niederlage des Kroisos, seine Alleinherrschaft nach zwei gescheiterten Versuchen im Kampf gegen die anderen Aristokraten durchsetzte. Er stützte sich dabei auf seine guten Beziehungen zu führenden Familien auswärtiger Poleis und ein Söldnerheer. Einzelne Aristokraten wurden verbannt, andere arrangierten sich. Ökonomische Maßnahmen (das ist umstritten), eine forcierte Baupolitik, Vergünstigungen und Belohnungen von Anhängern vermochten die ärmere Bevölkerung ruhigzuhalten, der es – auch dank einer langjährigen Friedenszeit – zumindest nicht schlechter ging als unter der Herrschaft des Adels. Archäologische Funde scheinen wirtschaftlichen Aufschwung und vermehrten Export zu bestätigen. Das bestehende institutionelle Gefüge wurde nicht aufgehoben, Peisistratos kontrollierte aber den Zugang zu den wichtigen Ämtern. Wie gefestigt das System war, belegt der problemlose Herrschaftswechsel (528/7) zu seinen Söhnen Hippias und Hipparchos. Selbst als Letzterer bei einem Attentat (aus angeblich privaten Motiven) ermordet worden war, gelang den Aristokraten der Sturz der Tyrannis nicht aus eigenen Kräften. Erst auf eine militärische Intervention der Spartaner hin verließ Hippias 510 Athen und ging nach Kleinasien, von wo er, von zahlreichen Anhängern unterstützt, seine Heimkehr betrieb. Beim Angriff des Großkönigs Dareios auf Athen, zwanzig Jahre später, sollte seine Rückführung eine zentrale Rolle spielen.

Die Beurteilung der athenischen Tyrannis ist in Antike wie Moderne unterschiedlich. Das negativ verzerrte Bild des brutalen Einzelherrschers entstand im aristokratischen Parteienstreit nach der Vertreibung des Hippias. Der Kampf der Aristokraten um mehr persönlichen Einfluss wurde später zum Freiheitskampf des Volkes stilisiert und mit der Errichtung von Denkmälern wie dem Standbild der Attentäter Harmodios und Aristogeiton auch kanonisiert. Demgegenüber idealisiert Aristoteles die Herrschaft des Peisistratos als menschenfreundlich und wohltätig. Politisch, nicht wirtschaftlich, wird das halbe Jahrhundert der Tyrannis heute als Zeit der Stagnation begriffen. Wenn dem so war, erholte sich Athen rasch, und dies trotz der alsbald ausbrechenden Parteienkämpfe.

Es war ein eigentümlicher Konflikt innerhalb des Adels, der dort nach dem Ende der Alleinherrschaft ausbrach, denn er gebar, wenn auch mit Verzögerung, die Demokratie. Der Kampf ging um Rang und Einfluss, und der Mann, der ihn zunächst gewann und 508/7 das höchste Amt Athens, das Archontat, bekleidete, hieß Isagoras. Er konnte sich vor allem auf die sogenannten Hetairien stützen, politische Cliquen meist adliger Männer. Sein zunächst unterlegener Konkurrent, Kleisthenes, ein Vorfahre des Perikles, musste, um dem zu begegnen, auf neue Verbündete setzen. Aristoteles spricht davon, er habe das Volk, den Demos, auf seine Seite gezogen, indem er der Menge die Herrschaft im Staat übertrug. Das ist aus dem Erleben der späteren Demokratie geschrieben. Vermutlich suchte Kleisthenes bisher politikferne Schichten für seine Interessen zu gewinnen; dazu musste er Versprechungen machen. Diese und Isagoras riefen wieder Sparta auf den Plan, das kein Interesse an der Aufweichung oligarchischer Strukturen besaß. Sparta intervenierte, der Erfolg war aber nur kurzfristig. Der vertriebene Kleisthenes kehrte schon bald zurück und führte die angekündigten und begonnenen Reformen weiter. In ihrem Ergebnis gelang es, weitere Schichten der Bürger an politischen Entscheidungen zu beteiligen, das Stadt-Land-Gefälle abzubauen und die Bewohner außerhalb Athens stärker zu integrieren. Eine Herrschaft des Demos war das im Gegensatz zu Herodots Meinung noch nicht, aber es bildete eine Voraussetzung dafür, und die Perserkriege wurden schließlich zum Motor, der die Entwicklung zur Demokratie vorantrieb.

Sparta betrachtete die Vorgänge in Athen mit Sorge. Es versuchte noch zweimal einzugreifen, ja erwog den Plan, den vertriebenen Tyrannen Hippias wieder einsetzen zu helfen. Bei den Mitgliedern im Peloponnesischen Bund stieß dies aber auf Ablehnung, das Vorhaben wurde nicht umgesetzt. Athen suchte in dieser schwierigen Lage 507 ein Bündnis mit den Persern. Zu diesem Zweck reiste eine Delegation zu Artaphernes, dem Satrapen in Sardes. Dort bestand aber kein großes Interesse, mit einem Volk, das niemand näher kannte, einen Vertrag zu schließen. Der Satrap forderte eine formale Unterwerfung, auf welche die Gesandtschaft einging, auch wenn die Athener später nichts mehr davon wissen wollten. Das Bündnis blieb zumindest für sie Episode.

Der Aufstand der Ionier

Das Epochenjahr in den griechisch-persischen Beziehungen, das einen 170-jährigen Krieg – nur unterbrochen von einer mehrjährigen Akzeptanz des Status quo – einleitete, war (vermutlich) 499. Damals begann, wie gesagt, die Rebellion der Griechenstädte an der kleinasiatischen oder ionischen Küste, die als Ionischer Aufstand in die Geschichte einging. Herodot, der von dort stammt, hat ausführlich darüber berichtet, doch da seine Gewährsmänner über eine Niederlage sprechen mussten, sind ihre Erzählungen noch stärker verzerrt, als sie es im Falle eines Sieges gewesen wären. Es galt, jeweils die eigene Tapferkeit zu betonen sowie die Verantwortung für Rückschläge auf andere Schultern zu verteilen und möglichst bei Einzelnen zu suchen. Wer eine Niederlage erleidet, muss etwas falsch gemacht haben, und so kommen die ionischen Griechen bei Herodot insgesamt nicht gut weg. Der Abfall vom Großkönig sei der Beginn allen Unheils für Ionien gewesen, schreibt er und betrachtet die Niederlage als Strafe für Blindheit, Hybris oder sogar (im Fall Milets) für begangenes Unrecht. In gewisser Weise lässt sich fast eine Parallele zu den Gründen für das spätere Scheitern des Xerxes erkennen.

Anlass und Gründe

Der erste Verantwortliche, den die Überlieferung später für das ionische Unglück ausmachte, war Aristagoras, der Tyrann von Milet. Demnach erwuchs die Rebellion aus einer der üblichen Parteienstreitigkeiten in den griechischen Städten, wie sie knapp 70 Jahre später auch den Peloponnesischen Krieg einleiteten. Als Folge einer dieser *Staseis* (Zwietracht, Bürgerkriege) wurden einige reiche Familien von der Insel Naxos verbannt und kamen zu Aristagoras, um sich mit dessen Hilfe die Rückkehr zur Macht zu erstreiten. Aristagoras sah die Möglichkeit, Einfluss auf die wohlhabende Insel zu erlangen. In Übereinkunft mit dem Satrapen Artaphernes und mit Einwilligung des Großkönigs fuhr schließlich eine große Flotte aus persischen und ionischen Schiffen gegen Naxos. Die Belagerung scheiterte nach vier Monaten an fehlendem Geld, die Angreifer mussten sich zurückziehen. Aristagoras war gegenüber den Persern als unfähig diskreditiert, die hohen Kosten des gescheiterten Unternehmens brachten ihn in innenpolitische Schwierigkeiten. Um der drohenden Absetzung zu entgehen, wagte er die Flucht nach vorn. Er legte die Tyrannis nieder, führte zum Schein die Demokratie ein, veranlasste den Sturz ehemaliger Kollegen in anderen ionischen Städten und rief zum allgemeinen Aufstand gegen die persische Herrschaft auf. Das ist das Bild, das Herodot zeichnet, andere Quellen wie der Reiseschriftsteller Pausanias oder der Biograph Plutarch können es allenfalls geringfügig modifizieren.

Herodots Ansatz, den so folgenreichen Aufstand mit individuellem Ehrgeiz erklären zu wollen, überzeugt heute nicht mehr. Wir erfahren nur von den Motiven des Aristagoras, alles andere erscheint als bloße Folge seiner Initiative. Archäologische Quellen führen nicht viel weiter, so bleibt nur, Herodots Aussagen neu zu interpretieren. Die Bereitschaft der meisten – nicht aller – Ionier zur Rebellion scheint in einer Unzufriedenheit mit den von den Persern unterstützten Tyrannen und Oligarchen gelegen zu haben. Diese blockierten offenbar ein allgemeines Bestreben, die politischen Entscheidungen auf eine breitere Basis von Bürgern zu verlagern. Herodot hat dafür den Begriff der *Isonomia*. Er entstand wohl im Kampf der Aristokraten mit den Tyrannen und umschrieb den Anspruch der sozial Gleichen auf gleiche politische Rechte. Später wurde er zum Synonym für *Demokratia*.

Kämpfe zwischen Demos und Aristokratie gab es in Milet bereits im 6. Jahrhundert. Eine Einigung zwischen den Parteien wurde zwar durch Vermittler von außen zustande gebracht, doch scheint sie die Gegensätze nur verdeckt, nicht aufgehoben zu haben. Darüber hinaus gab es offenbar, wie das Verhalten der Satrapen gegenüber Aristagoras zeigte, Spannungen zwischen den persischen Magistraten im Westen und der perserfreundlichen Elite in den griechischen Städten. Augenscheinlich bestand ein Konkurrenzverhältnis gegenüber dem Großkönig. Die Satrapen fürchteten möglicherweise eine zu große Machtfülle der ionischen Städte und entluden diese Angst in Repressalien. Dazu kam, dass die Ionier den Wechsel der Herrschaft von den Lydern zu den Persern offenbar als Verschlechterung empfanden. Nun mussten sie für die Feldzüge der Besatzungsmacht Truppen stellen, eine Forderung, auf die Kroisos noch verzichtet hatte. Tribute waren auch unter ihm zu entrichten gewesen, aber vielleicht wurden sie unter den Persern erhöht.

Darüber hinaus müssen wirtschaftliche Gründe eine Rolle gespielt haben, aber sie sind schwer zu fassen. Lange Zeit vermutete die Forschung einen Niedergang des ionischen Handels, der mit dem Vordringen der Perser von Osten und der Karthager von Westen einsetzte. Unter den Persern von assyrischer Vorherrschaft befreit, entwickelten sich die Phönikier zu einem Handelskonkurrenten; Naukratis, eine milesische Gründung in Ägypten, verlor an wirtschaftlicher Bedeutung. Ob die Kontrolle des Hellespont – der Meerenge zwischen Mittelmeer und Schwarzem Meer – durch die Perser Auswirkungen hatte, ist umstritten. Die auf archäologischen Funden basierende Annahme, die Exporte Milets ins Gebiet des Schwarzen Meeres seien zurückgegangen, hat sich nicht bestätigt. Hingegen dürfte die Zerstörung der unteritalischen Partnerstadt Sybaris im Jahre 510 v. Chr. den Ost-West-Handel stark beeinträchtigt haben. Herodot berichtet vom tiefen Eindruck, den die Nachricht von der Zerstörung von Sybaris bei den Milesiern hinterließ. Allerdings sind dies alles Einzelaspekte; insgesamt ist die ökonomische Entwicklung der ionischen Städte am Ende des 6. Jahrhunderts schwer zu überblicken. Es gibt Stimmen, die sogar von einer Blütezeit sprechen. Überzeugende Belege gibt es aber weder für die eine noch für die andere Sichtweise. Vielleicht wurde bereits als Nachteil gesehen, dass die wirtschaftlichen Möglichkeiten, die das persische Großreich zu bieten versprach, nicht in erhoffter Weise genutzt werden konnten.

Keine Rolle spielten wohl die ethnischen Gegensätze, die von der Forschung seit dem 19. Jahrhundert immer wieder betont wurden. Die Neigung, an der Seite der griechischen Landsleute gegen die Perser zu kämpfen, war – wie später beim Angriff des Xerxes – nicht bei allen ionischen Städten gleich ausgeprägt. In der entscheidenden Seeschlacht vor Lade (494) fehlten mit Kolophon, Klazomenai und Lebedos wichtige Poleis des Ionischen Bundes, der sich im zentralen Heiligtum, dem Panionion im Mykalegebirge, versammelte und gemeinsame Anliegen beriet. Vielleicht hatte Ephesos sogar die Seite gewechselt: Die Einwohner jedenfalls töteten die Seeleute von Chios, die sich aus der Schlacht geflüchtet hatten. Dies wurde mit einer Verwechslung entschuldigt, doch fällt auf, dass Xerxes später allein das ephesische Artemision schonte.

Verlauf und Ende

Im Winter 499/98 reiste Aristagoras ins griechische Mutterland, um Hilfe für die Aufständischen zu organisieren. Die Spartaner lehnten brüsk ab, allein Athen versprach, 20 Trieren zu entsenden, die euboische Stadt Eretria wollte fünf schicken. Die Athener Aristokraten fürchteten immer noch die Rückkehr des Hippias, vielleicht sahen sie auch die Chance, sich in Besitz der nordostägäischen Inseln Imbros und Lemnos zu setzen. Die Eretrier bewog angeblich ein altes Bundesverhältnis zu Milet.

Die Operationen begannen mit einem nahe liegenden Ziel, dem Angriff auf die Residenzstadt Sardes. Hier galt es für Aristagoras, den Rivalen Artaphernes auszuschalten; die Athener hofften vielleicht, des Hippias habhaft zu werden. Dem großen Krieg gegen Dareios widersprach im Rat der Ionier nur der Logograph Hekataios, indem er die Völkerschaften aufzählte, über welche der Großkönig gebot. Herodot, der das mitteilt, ist überzeugt, dass sich der Aufstand von vornherein gegen die persische Zentralmacht richtete. Er sieht die Ereignisse freilich vom Ausgang her, von der Invasion des Xerxes. Manches spricht aber dafür, dass die Ionier zunächst nur ein begrenztes Ziel hatten, nämlich die Ausschaltung des Artaphernes, was nicht zugleich Krieg mit Dareios bedeuten mochte. Immerhin bestand die Hoffnung, der als Berater am Hofe des Großkönigs weilende ehemalige milesische Tyrann Histiaios könne möglicherweise vermitteln.

Es kam anders, denn schon der Angriff auf Sardes scheiterte. Zwar gingen die vorwiegend aus Schilfrohr gefertigten Lehmhütten der Unterstadt mitsamt einem Heiligtum der Kybebe (lydische Form der Kybele) – nachmals ein persischer Vorwand für die Zerstörung griechischer Heiligtümer – in Flammen auf, doch die Belagerung der Akropolis von Sardes blieb erfolglos. Auf die Kunde, ein persisches Entsatzheer nähere sich, zogen die Ionier ab und kehrten zur Küste zurück, die Athener segelten eilends nach Hause. Aristagoras war zum zweiten Mal desavouiert. Er entzog sich dem Zwist mit dem Demos durch Flucht und fiel bald danach in einem Privatkrieg mit den Thrakern.

Dieser Rückschlag brachte den Aufstand freilich noch nicht zum Erliegen. Ionische Schiffe fuhren in den Hellespont, Byzantion und andere dortige Städte schlossen sich, freiwillig oder nicht, an; Karien wurde Verbündeter, und auf Kypros begehrten die griechischen Städte auf. Obwohl die ionische die persische Flotte des Großkönigs besiegte, kehrte Kypros schon 497 in die alte Abhängigkeit von den Persern zurück. Ein einziges Jahr hätten die Kyprier die Freiheit gekostet, schreibt Herodot. Das große Reich reagierte träge, aber gründlich. Am Hellespont setzte sich die Rückeroberung erfolgreich fort, stagnierte allerdings zu Lande.

Gleichzeitig scheint aber Dareios auch noch auf Vermittlung gesetzt zu haben, denn er schickte Histiaios nach Milet. Dieser hatte sich 514/13 beim Feldzug des Dareios gegen die Skythen, der ihn über den Unterlauf der Donau führte, als Flottenkommandant militärisch verdient gemacht. Der Großkönig hatte ihm dafür Myrkinos in Thrakien zum Lehen gegeben, später aber nach Susa berufen. Histiaios genoss dort offenbar höchstes Vertrauen. Dennoch bleibt seine Rolle beim Abfall der Ionier undurchsichtig. Herodot sieht in ihm sogar einen der Verantwortlichen für den Aufstand, den er durch geheime Botschaften vom persischen Hof aus auch ausgelöst haben soll. Der Historiker bietet als Beleg freilich nur anekdotisches Material und hat offenbar die Rolle des Histiaios negativ verzeichnet. Dessen Vermittlerrolle war aber von vornherein aussichtslos, denn sowohl die persischen Satrapen im Westen wie auch die Milesier selbst misstrauten ihm. Von Chios aus suchte er gewaltsam in seine Heimatstadt zurückzukehren, um sich an die Spitze des Aufstandes zu stellen. Unsicher ist, ob er das aus eigenem Machtstreben wollte, wie Herodot behauptet, oder ob er aus solcher Position den Ausgleich mit dem Großkönig anstrebte. Das Vorhaben scheiterte jedoch, die Milesier wollten nach der Vertreibung des Aristagoras keine Restitution der alten Tyrannis. Nun bewegte sich Histiaios als eine Art Condottiere in der nördlichen Ägäis. Von Byzantion aus kaperte er Schiffe, führte Krieg gegen Chios und Thasos, fiel schließlich bei einem Raubzug in der Gegend des kleinasiatischen Atarneus in die Hände der Perser und wurde von Artaphernes – angeblich sehr zum Unmut des Großkönigs – hingerichtet. Das Schicksal des Histiaios bleibt bei Herodot verworren, zeigt aber, dass die Interessen der perserfreundlichen Oberschicht der ionischen Städte und der kleinasiatischen Satrapen keinesfalls immer identisch waren, sondern Erstere bisweilen glaubten, über diese hinweg eine Einigung mit dem Hof in Susa erzielen zu können. Unzweifelhaft ist auch, dass die Satrapen hinter dem Rücken des Großkönigs eine eigene Westpolitik zu treiben pflegten.

Die Entscheidung des Konflikts fiel schließlich vor Milet. Die Perser rückten zu Lande sowie mit der phönikischen Flotte gegen die Stadt vor, während die verbündeten Ionier beschlossen, die Verteidigung auf das Meer zu konzentrieren. Auch wenn sich nicht alle Städte und Inseln beteiligten, zählte die Flotte schließlich 353 Trieren, davon 100 aus Chios, 60 aus Samos, 70 aus Lesbos und 80 aus Milet selbst. Der Sieg wurde durch innere Uneinigkeit verspielt. Zuerst setzte sich das Gros der samischen Schiffe ab; persische Versprechungen hatten die Hoffnung erweckt, glimpflich davonzukommen. Die Uneinigkeit der Ionier spiegelt Herodots Feststellung wider, bei seinen Erkundungen habe die eine Stadt der anderen Feigheit vorgeworfen. Nach dem Sieg bei der Insel Lade schlossen die Perser Milet von der See- und der Landseite ein. Im sechsten Jahr nach Beginn der Erhebung fiel die Stadt. Herodot schließt, die Einwohner seien versklavt worden, wie es ein Orakelspruch den Milesiern angekündigt hatte.

Die persischen Strafaktionen sollen hart gewesen sein. Die Mauern Milets wurden geschleift, ausdrücklich überliefert ist die Plünderung und Einäscherung des Apollon-Tempels von Didyma in der Nähe der Stadt. Im Jahr danach wurden die Inseln vor der Küste und die anderen Städte auf dem Festland zurückerobert. Herodot berichtet von Menschenjagden und anderen Grausamkeiten. Wie groß die Zerstörungen insgesamt waren, lässt sich nicht feststellen. Es waren auch nicht alle Ionier betroffen. Manche, so die Phokaier, wanderten in den Westen aus. Aus Milet wurden Gefangene nach Susa gebracht und von dort in die Stadt Ampe an der Mündung des Tigris. Es waren wohl vor allem Handwerker, die dann in den persischen Flottenstationen oder auch in der Residenzstadt an Palastbauten arbeiteten.

Der Satrap Artaphernes erhöhte die Abgaben nicht. Er schuf lediglich eine neue, zuverlässigere Grundlage für die Steuerschätzung, indem er die Ländereien der Städte vermessen ließ. Herodot betrachtet die nahezu unveränderte Tributerhebung sogar als Grundlage des nachfolgenden Friedens. Die Abgaben blieben jedenfalls über lange Jahre konstant. Politisch trugen die Perser den Ereignissen Rechnung, indem sie darauf verzichteten, die Tyrannis wiederzubeleben. Offenbar erkannten sie in ihnen einen maßgeblichen Faktor für die Erhebung. Nach Herodot richteten sie sogar Demokratien ein. Vielleicht meint er aber damit aristokratische Ordnungen, denn der Ruf nach *Isonomia* (bei Herodot synonym mit *Demokratia*) gehörte zu den Grundforderungen der Aristokraten gegenüber dem Alleinherrscher.

Der Zug des Mardonios

Mit den Operationen von 493 war die Niederschlagung des Aufstandes abgeschlossen. Die Ionier seien zum dritten Mal unterworfen worden, einmal von den Lydern, zweimal von den Persern, bilanziert Herodot. Für den Historiker war ein Mechanismus in Gang gekommen, der nur durch eine vollständige Niederlage einer der Parteien zum Stillstand kommen konnte. In einer Kausalkette zog die eine Invasion die andere nach sich. Die Aufständischen waren besiegt, diejenigen, die sie unterstützt hatten, Athen und Eretria, aber noch unbestraft. Die Athener hatten sich 507 unter den Schutz des Großkönigs gestellt. Zwar hatte die Volksversammlung die Abmachungen nie ratifiziert, doch hatten die Gesandten symbolisch Erde und Wasser übergeben und sich damit in den Augen des Großkönigs unterworfen. Er konnte also die Einmischung der Athener und ihren Zug gegen Sardes als Rebellion betrachten, die geahndet werden musste. Vielleicht war ihm die Intervention auch nur ein Vorwand, weil er die Chance sah, durch die Rückführung des Tyrannen Hippias in Griechenland eine Art politischen Brückenkopf gegen das gefährliche Sparta zu errichten. Herodot geht davon aus, dass Dareios vom Wunsch nach Rache an Athen beseelt war. Ein Diener sollte ihm bei jeder Mahlzeit dreimal zurufen: «Herr! Gedenke der Athener.» Das ist eine Anekdote, aber sie spiegelt Herodots Bemühen wider, Athen, die Stadt, die ihn ehrte und förderte, herauszustellen. Er sieht sie, nicht das konkurrierende Sparta, als Retterin der griechischen Freiheit, und diese sah er selbst dort gefährdet, wo es nicht der Fall war. So ist es möglich, dass Herodot der ersten Invasion der Perser nach dem Ende des Aufstandes eine andere Richtung gab, als sie tatsächlich hatte. Geführt wurde sie von einem Mann namens Mardonios, einem Schwiegersohn des Dareios. Er regelte die Verhältnisse in verschiedenen ionischen Poleis, sicherte den Hellespont und versammelte dort ein Landheer und die phönikische Flotte.

Nach Herodot richtete sich der folgende Angriff gegen Eretria und Athen und diente darüber hinaus dem Ziel, möglichst viele griechische Städte zu erobern. Vermutlich war es aber die vorrangige Aufgabe des Mardonios, die persische Herrschaft über das in den Aufstand hineingezogene Thrakien und das durch Megabazos als Vasallenstaat angegliederte Makedonien wieder zu sichern. Von Thasos aus ging Herodot zufolge die Fahrt zum Festland und dann um das Athos-Gebirge, der östlichen der drei Halbinseln der Chalkidike, wohl in Richtung der makedonischen Residenzstadt. Angeblich kam die Flotte dort nie an. Ein Nordsturm warf das Gros der Schiffe an die Felsen des Athos; 20 000 Seeleute starben, gefressen von Meerestieren, ertrunken, zerschmettert an den Klippen oder im eiskalten Wasser erfroren. Schließlich wurde das Landheer noch vom Volk der Bryger überfallen. Mardonios unterwarf es unter großen Verlusten und kehrte dann nach Asien zurück.

Gegen die Interpretation Herodots als gescheiterter Angriff auf Griechenland bestehen aber Bedenken. Zum einen hätte ein solches Unternehmen sorgfältiger vorbereitet werden müssen. Das geschah erst bei den späteren Feldzügen. Realistisches Kriegsziel nach der Niederschlagung der ionischen Erhebung kann zudem zunächst nur die Sicherung der persischen Herrschaft im Westen, in Thrakien und Makedonien, gewesen sein. Zum Dritten hätte die Zeit für einen Kriegszug, der bis ins Herz Griechenlands führen sollte, nicht ausgereicht. Im Frühjahr 493, vermutlich im April, war Mardonios mit dem Heer aus Kappadokien, wo ein allgemeiner Sammelplatz lag, nach Kilikien aufgebrochen. Von dort führte ein Landweg über mehr als 1000 Kilometer nach Abydos. Die Flotte fuhr die Süd- und Westküste Kleinasiens entlang. Die Befriedung der ionischen Städte – Mardonios soll dort, wie gesagt, Demokratien eingerichtet haben – kostete Zeit. Vor Juli war eine Überquerung des Hellespont kaum denkbar, danach warteten die Aufgaben in Thrakien und Makedonien. Für einen Angriff auf Athen war danach aber die Jahreszeit zu weit vorgerückt. Wenn ein Teil der Schiffbrüchigen erfror, wie Herodot berichtet, kann die Havarie am Athos erst im Spätherbst stattgefunden haben. Der einzige mögliche Schluss daraus ist: Die Flotte befand sich nicht in der Anfahrt nach Athen, sondern auf der Rückfahrt von Makedonien. Mardonios hatte seine Aufgabe, die Sicherung der persischen Herrschaft im Vasallengebiet, erfüllt. Erst vor dem Hintergrund der späteren Invasionen konstruierte athenische Propaganda eine erste frühe Bedrohung Griechenlands, die Herodot schließlich übernahm. Offenkundig wurde der Hintergrund des Unternehmens von 493 in Griechenland nicht mehr verstanden, der Schiffbruch als Vorzeichen kommender Gefahr gesehen. «Damals erschienen zum ersten Mal auch weiße Tauben in Griechenland, ein bis dahin noch nicht bekanntes Ereignis», schrieb der Historiker Charon von Lampsakos in seiner *Persischen Geschichte*.

Marathon

Themistokles und Miltiades

Die Perserkriege prägten ganz entscheidend die innere Entwicklung Athens, wie umgekehrt ihr Ausbruch von jener beeinflusst ist. Es war Themistokles, dessen Archontat die Jahre der Kämpfe einleitet und dessen Verbannung einen Schlussstrich unter sie zieht. Nach einer vereinzelten Nachricht, die umstritten, aber wohl korrekt ist, bekleidete er 493/2 das höchste Amt, dasjenige des Archon Eponymos, nach dem das Jahr seinen Namen erhielt. Die Wahl des Themistokles wurde als perserfeindliches Fanal gedeutet. Die spätere Entwicklung legt dies nahe, aber noch 496/5 war mit Hipparchos sogar ein Mitglied des Hauses der perserfreundlichen Peisistratiden Archon gewesen. Angesichts der erfolgreichen persischen Operationen war zumindest das offizielle Athen erst einmal bemüht, die Wogen zu glätten. Als zu dieser Zeit ein Theaterstück des Dramatikers Phrynichos für einen Skandal sorgte, griffen die Behörden ein. Phrynichos hatte, vielleicht als erster Tragödiendichter, ein aktuelles politisches Thema auf die Bühne gebracht. «Der Fall Milets» hieß sein Stück, das die Athener Zuschauer zu Tränen rührte. Die Wiederaufführung wurde verboten, der Dichter musste 1000 Drachmen Strafe zahlen. Hinter dieser Aktion steckten vielleicht die Tyrannenfreunde oder die Familie der Alkmeoniden. Eine antipersische Emotionalisierung sollte verhindert werden. Umgekehrt sieht zumindest die Moderne in Themistokles den Initiator, der, als Freund des Phrynichos, das Theaterspektakel anregte, um Stimmung gegen die Perser und für seine Rüstungspläne zu machen. Auch dies hat etwas von einer Interpretation ex eventu: 476 nämlich finanzierte Themistokles den Chor, als Phrynichos ein anderes politisches Stück, «Die Phoenissai» (phönikische Frauen beklagen den Tod ihrer Männer in der Seeschlacht von Salamis), zur Aufführung brachte.

Abb. 1: Themistokles-Büste
aus Ostia

In jedem Fall ist es das Verdienst des Themistokles, bereits damals die Aufmerksamkeit der Athener auf die Seerüstung gelenkt zu haben. Im Rat der Milesier hatte angeblich schon wenig vorher Hekataios darauf hingewiesen, dass die Ionier sich nur zur See der Perser erwehren könnten. Ob sich Themistokles' Plan bereits gegen die Perser richtete oder doch gegen die Insel Aigina, den Feind vor der Haustüre, oder auch gegen beide, ist nicht klar. Jedenfalls veranlasste er den Ausbau des Piräus, der drei natürliche Häfen besaß (Zea, Munichia und Kantharos). Der frühere Hafen Phaleron genügte offenbar nicht mehr für die Kriegsflotte. Für die antiken Historiker ist Themistokles' erstes Archontat gleichsam die Geburtsstunde der athenischen Seemacht. Der Aufstieg der Stadt verlief freilich in seinen Anfängen sehr zögerlich. Die Athener wandten sich schon bald von dem Projekt wieder ab, denn in den inneren Kämpfen setzten sich andere durch. Das Gewicht verschob sich vor allem durch die unfreiwillige Rückkehr eines prominenten Aristokraten. Miltiades aus der Familie der Philaiden war um 520 zur thrakischen Chersonesos entsandt worden, wo es galt, für Athen die wichtige Einfahrt in den Hellespont zu sichern. Er konnte die Insel Lemnos in seine Hand bringen, die bald von athenischen Kolonisten besiedelt wurde. Durch den ionischen Aufstand wurde auch Miltiades in die Kämpfe in der nördlichen Ägäis verwickelt und sein dominierender Einfluss auf der Chersonesos erschüttert. Er floh vor den anrückenden Persern zurück nach Athen, wo er sich gegen die Anfeindungen anderer Adelsfamilien, darunter vermutlich die Alkmeoniden, behaupten konnte. Eine Klage, die ihm die Errichtung einer Tyrannis auf der Chersonesos vorwarf, verlief ergebnislos. Mit Miltiades war eine Gruppierung erfolgreich, die keinen Kompromiss mit Persien wollte. Anders als Themistokles setzte er, vielleicht aus seiner langjährigen Kenntnis persischer Verhältnisse, auf ein konservativeres militärisches Konzept der Landesverteidigung, auf die Hoplitenphalanx. Dennoch wird sich Miltiades über die wichtige Rolle einer Flotte für Athen klar gewesen sein. Der immer wieder postulierte Konflikt mit Themistokles war vielleicht nicht so grundsätzlich, wie häufig angenommen wird. Immerhin einte beide ihre Haltung gegenüber Persien. Dennoch wurden die Seerüstungen vorläufig eingestellt und erst 483, angesichts einer neuerlichen Bedrohung aus dem Osten, wieder aufgenommen.

Anlass und Grund

Die erste persische Invasion, die bis ins griechische Mutterland vorstieß, war lange vorbereitet; niemand wurde überrascht. Nach Herodot hätte sie Dareios schon im Jahre 498 geplant, nämlich in dem Moment, als er von der Beteiligung der Athener am ionischen Angriff auf Sardes erfuhr. Er habe einen Pfeil gen Himmel geschossen und Zeus gebeten, sich an den Athenern rächen zu dürfen. Allerdings waren die Athener noch so unbedeutend, dass der König fürchtete, sein Anliegen schnell wieder zu vergessen. Nur weil der erwähnte Diener ihn täglich daran erinnerte, schritt Dareios nach langer Unterbrechung schließlich zur Tat.

Herodot ist diese Geschichte so wichtig, dass er sie zweimal erzählt. Das Motiv des Dareios ist für den Historiker so offenkundig, dass er es nur nebenbei erwähnt. Im Anschluss an den Bericht über die Zerstörung von Sardes steht knapp zu lesen, mit Berufung auf die Einäscherung des Heiligtums der Kybebe hätten die Perser später die Tempel in Hellas verbrannt. Herodot hat jedoch noch eine zweite Meinung. An anderer Stelle behauptet er, der Zug gegen Athen sei Dareios ein guter Vorwand (*Prophasis*) gewesen, um auch die anderen griechischen Städte zu unterwerfen, die ihm Erde und Wasser verweigerten. Der

Widerspruch erklärt sich daraus, dass hier zwei unterschiedliche Überlieferungen zusammentreffen. Das Rachemotiv ist das ursprüngliche, zu dem die Athener nach den Perserkriegen noch ein zweites erfanden. Sie übertrugen die Ziele, die Xerxes im Jahre 480 nach Griechenland führten, auf seinen Vorgänger Dareios und erweiterten den Angriff, der allein Eretria und Athen galt, auf alle Griechen. Aus der Verteidigung ihrer Stadt machten sie die von ganz Hellas.

Sicherlich besaßen die Perser langfristig weiter gesteckte Ziele. Expansionsdrang, der Wunsch, das riesige Reich weiter nach Westen auszudehnen, können Gründe der Griechenlandinvasion gewesen sein. Die Geschichte seit 500/499 zeigt aber, dass die Perser überlegt, planmäßig und sukzessive vorgingen: Niederwerfung des Ionischen Aufstandes, Sicherung der Meerenge wie des makedonischen und thrakischen Vorfeldes, Stabilisierung der persischen Herrschaft an den Küsten. Ein weiteres Ziel war es, neuerliche Hilfe für die Ionier aus dem griechischen Mutterland zu unterbinden, und das dürfte im Jahre 490 der Grund gewesen sein, zunächst an Eretria und Athen ein Exempel zu vollziehen. Das war ein eher begrenztes Ziel und rechtfertigte eine so große Expedition kaum. Doch der Großkönig besaß einen weiteren Grund. In Sigeion am Fluss Skamander saß immer noch der 510 aus Athen geflüchtete ehemalige Tyrann Hippias. Ein Versuch, mit Hilfe der Lakedaimonier zurückzukehren, hatte sich als Illusion erwiesen, doch konvergierten seine Interessen mit den persischen, und seit seinem vergeblichen Besuch in Sparta war Hippias nicht müde geworden, darauf bei den kleinasiatischen Satrapen hinzuweisen. Hippias und die Peisistratiden verleumdeten die Athener, weiß Herodot, und drängten Dareios zum Krieg. Zu den Perserfreunden zählten aber nicht nur die Nachfahren des Peisistratos selbst, es gab noch andere zur Kollaboration geneigte Gruppierungen in Athen, so auch die Alkmeoniden.

Für Dareios hätte die Zerstörung Athens Prestigegewinn bedeutet, vielleicht auch auf Zeit die Bereitschaft griechischer Städte, sich in kleinasiatische Verhältnisse einzumischen, gedämpft. In erster Linie aber war sie doch Vergeudung von Zeit und Mitteln. Das abziehende persische Heer würde ein Vakuum in Mittelgriechenland hinterlassen, in das andere perserfeindliche Kräfte wie Sparta vorstoßen konnten. Demgegenüber bot es langfristige Vorteile, innerathenische Interessenkonflikte für eigene Zwecke zu nutzen. Eine vom Großkönig installierte Tyrannis in Athen vermochte den persischen Einfluss in ganz Griechenland zu sichern. Persien besaß dann sozusagen einen Verbündeten in Attika, und es ergab sich die Chance, das mächtige Sparta zu isolieren. Bezeichnenderweise waren es später außer den Einwohnern von Plataiai einzig die Spartaner, die Athen Hilfe bei der Abwehr der Invasion zusagen sollten.

Die persische Invasion

Mit Kapitel 6.48 beginnt Herodot die Schilderung der eigentlichen Perserkriege. Er berichtet, Dareios habe Boten in ganz Hellas umhergeschickt, die Erde und Wasser von den einzelnen Poleis fordern sollten, gleichzeitig aber den «tributpflichtigen» kleinasiatischen Küstenstädten befohlen, Kriegs- und Transportschiffe zu bauen. Es verwundert, dass sich Dareios an alle Griechen wendet, obwohl sich der Rachefeldzug allein gegen Athen und Eretria richten konnte. So liegt der Gedanke nahe, in dem entsprechenden Passus Herodots eine Doublette zum diplomatischen Prolog zu sehen, mit dem Xerxes zehn Jahre später seine Invasion einleitete. Dies muss aber nicht sein. Mit seinem Vorstoß kann Dareios versucht haben, Athen zu isolieren. An eine problemlose Rückführung des Hippias glaubte er offenkundig nicht, und so war es nur vernünftig, den Zug nicht bloß militärisch, sondern auch politisch vorzubereiten.

Viele Städte des Festlands und alle Inseln, welche die Herolde des Königs besuchten, gaben das symbolisch Geforderte. Zu ihnen zählte auch die Insel Aigina, und dies wirft ein bezeichnendes Licht auf die innergriechischen Verhältnisse. Die Athener verklagten nämlich, so Herodot, «mit Freuden» das mit ihnen im Streit liegende Aigina in Sparta wegen Verrats an Hellas und erreichten ein Eingreifen der Lakedaimonier. Der Spartanerkönig Kleomenes erzwang schließlich gegen heftigen Widerstand,

da die Aigineten ihn bestochen wähnten, die Stellung von Geiseln. Damit entfiel für die Perser die Möglichkeit, die Insel als
Brückenkopf gegen Athen zu nutzen. Offenbar gab es schon
damals Absprachen zwischen Athen und Sparta, vielleicht sogar
ein Bündnis ähnlich dem späteren von 481.

Für das Unternehmen gegen Athen bestellte Dareios mit
Datis und Artaphernes, seinem Großneffen, eine neue Führung.
Sammlungspunkt der Kontingente war die sogenannte Aleische
Ebene bei Tarsos in Kilikien. Dort trafen im Frühjahr 490 das
Landheer und die Transport-, Versorgungs- und Kriegsschiffe
ein, auf denen die Fahrt über die Ägäis angetreten werden sollte.
Der Befehl des Großkönigs lautete, die Bewohner von Athen
und Eretria zu Sklaven zu machen und ihm vorzuführen. So
sagt es Herodot und gibt damit wohl eine Behauptung wieder,
welche die Athener nach ihrem Sieg aufstellten. Der Historiker
zählt 600 Schiffe. Das ist eine Übertreibung. Moderne Schätzungen gehen davon aus, dass die Flotte ca. 20 000 Mann auf-
nehmen musste. Dazu waren, die Pferdetransporter eingeschlos-
sen, weit weniger Schiffe erforderlich.

Die Fahrt führte die Küste entlang Richtung Samos, dann
aber nicht weiter nach Norden zum Hellespont und nach Thrakien. Der gefährlichen Umsegelung des Athos zogen die Perser
die Fahrt quer durch die Ägäis vor. Die Route hatte angeblich
bereits der milesische Tyrann Aristagoras dem Satrapen von
Sardes als bequemsten Weg vorgeschlagen, um die reiche Insel
Euboia, «nicht kleiner als Kypros», schnell und leicht zu erobern. Das erste Ziel war Naxos. Der vergebliche Versuch, die
Insel einzunehmen, hatte den Ionischen Aufstand ausgelöst.
Nun holten die Perser nach, was ein Jahrzehnt vorher misslun-
gen war. Insel und Stadt wurden erobert, die Heiligtümer nie-
dergebrannt. Ostentativ schonten die Perser dagegen das heilige
Land von Delos und brachten den dort geborenen Göttern
Apollon und Artemis sogar Rauchopfer dar. Die Flotte fuhr
weiter, lief verschiedene kleinere Inseln der Kykladen an, die
Kommandeure forderten Truppen und Geiseln. Karystos, im
Süden Euboias gelegen, verweigerte beides, und wurde daher
belagert. Erst danach wandten sich die Perser gegen Eretria. Die

Stadt blieb isoliert. Athen leistete keine Hilfe, und selbst die athenischen Kolonisten auf Euboia brachten sich bei erster Gelegenheit auf dem Festland in Sicherheit. Herodot entschuldigte die Athener mit einer schlecht erfundenen Geschichte, ein Zeichen, dass ihnen dieses Verhalten später als Verrat ausgelegt wurde.

Eretria fiel am siebten Tag. Die Perser steckten als Rache für Sardes die Heiligtümer in Brand und verschleppten einige Einwohner nach Asien. Wenige Tage später ging die Flotte vor dem nahe gelegenen Marathon, im Nordosten von Attika, vor Anker. Das war in etwa Anfang September. Die Schiffe hatten bis dahin etwa 700 Seemeilen zurückgelegt und dafür mehrere Monate gebraucht. Auf Widerstand waren die Perser kaum gestoßen, und wenn, dann war er schnell gebrochen worden. So muss überraschen, wie lange die Flotte unterwegs war, auch wenn zu ihren Aufgaben die Sicherung des Rückwegs zählte. An ein Überraschungsmoment war indes nicht mehr zu denken. Im Gegenteil, offensichtlich spielten Datis und Artaphernes auf Zeit und eine Zermürbungspsychologie: Im Wechselspiel demonstrierten sie den Athenern Härte und Milde, Schonung und Versklavung. Sie suchten ihnen die Gefahren eines ungewissen Widerstandes vor Augen zu führen, und hofften, dass dies die Anhänger des Tyrannen und die promedischen (perserfreundlichen) Gruppierungen in Athen begünstigen würde. Die Perser hatten kein Interesse an einer langwierigen Belagerung; ihr Ziel war, entgegen allem, was die Athener später behaupteten, nicht die Zerstörung der Stadt, sondern die Rückführung des Tyrannen. Herodot war denn auch überzeugt, dass es der verbannte Hippias war, der die Perser zur Landung bei Marathon bewogen hatte. Die in der Ebene siedelnden Kleinbauern galten als überwiegend tyrannenfreundlich, so dass von ihnen kaum Widerstand zu erwarten war. Vielleicht erinnerte sich Hippias aber auch nur daran, dass sein Vater Peisistratos 546/5 Athen von Marathon aus besetzt und sich damit endgültig die Macht gesichert hatte. Zudem bot die Gegend von Marathon auch das ideale Gelände für einen Reiterkampf, auf den die Perser setzten. In jedem Fall ist es der Versuch gewesen, Athen entweder kampflos zum Einlenken zu bringen oder zumindest die athenische Streitmacht aus der Stadt herauszulocken. Eine von Truppen entblößte Stadt hätte möglicherweise den Tyrannenfreunden Gelegenheit zu einem Umsturz geboten. Die Landung bei Marathon war zunächst vor allem eine Drohgebärde, ein bewusster Aufschub der militärischen Entscheidung, um eine letzte politische Klärung der Verhältnisse in Athen abzuwarten und eventuell in persischem Sinne zu beeinflussen. Dafür nahmen Datis und Artaphernes sogar in Kauf, dass Athen sich noch rechtzeitig durch Kontingente aus Sparta verstärken könnte.

Die Schlacht von Marathon

Die Nachricht von der Landung erreichte die Athener durch Feuersignale. Spätestens seit dem Angriff auf Karystos waren sie jedoch darauf vorbereitet gewesen. Die entscheidende Debatte über die Strategie, mit der den Persern zu begegnen war, hatte offenbar bereits stattgefunden. Nur kurz nach Eintreffen der Meldung rückte das athenische Heer aus und erreichte wenig später die Gegend von Marathon. Die Entscheidung dafür war in der Ekklesia, der Volksversammlung, gefallen. Herodot berichtet nicht darüber, sondern verlegt die Diskussion in den Kriegsrat der zehn Strategen – eine Einrichtung, die gerade einmal seit zwölf Jahren bestand. Demnach hatte bei unentschiedener Stimmzahl der Polemarch Kallimachos, nominell der Führer des Heeres, den Ausschlag dafür gegeben, die offene Feldschlacht zu wagen.

Die Diskussion vermittelt indirekt eine Vorstellung von der damaligen gespannten Atmosphäre in Athen. Miltiades äußerte angeblich die Befürchtung, mit steigender Gefahr werde die propersische Fraktion an Gewicht gewinnen, die Spaltung unter den Bürgern sich dann auch auf das Heer übertragen: «… Die Meinungen von uns zehn Feldherren gehen auseinander. Die einen fordern den Kampf, die anderen nicht. Wenn wir nun nicht kämpfen, erwarte ich, dass ein großer Zwist ausbrechen und das Denken der Athener so durcheinanderbringen wird, dass sie medisch gesinnt werden. Wenn wir aber kämpfen, ehe

Abb. 2: Sogenannter Niobiden-Krater mit der Darstellung des Herakles
in der Mitte und um ihn her gelagerter Hopliten

auch nur einigen anderen der Athener Zwietracht in den Sinn
kommt, sind wir, wenn die Götter gerecht walten, imstande,
beim Zusammenstoß überlegen zu sein ...» (Hdt. 6.109).

Tatsächlich war die Entscheidung über die Schlacht bereits
mit dem Auszug aus der Stadt gefallen, das Strategengremium
konnte jetzt nur noch über Zeitpunkt und Taktik beraten. Der
Stratege Miltiades, der später zum Sieger von Marathon stili-

siert wurde, hatte das Psephisma – den Beschluss – der Volksversammlung beantragt. Noch im 4. Jahrhundert war sein Wortlaut
erhalten, attische Redner ließen das Dokument in öffentlichen
Verhandlungen verlesen. Aristoteles überliefert in seiner *Rheto-
rik* ein Fragment mit dem entscheidenden Passus, man müsse die
Stadt verlassen (*chré exiénai*). Ein zusätzlicher Beschluss ordnete
die Freilassung von Sklaven an, um mit ihnen die Hoplitenphalanx zu verstärken. Der Schnellläufer Pheidippides (in der schlech-
teren Handschriftenklasse: Philippides) wurde nach Sparta entsandt, um von dort Hilfe zu holen.

Das athenische Heer lagerte zunächst bei einem Herakles-
Heiligtum, das nahe dem Meer im Süden der Ebene von Marathon vermutet wird (Inschriftenfunde in den 1960er Jahren).
Dort erhielt es auch Verstärkung durch Hopliten aus der be-
freundeten Stadt Plataiai. Der Bericht über die Schlacht stammt
von Herodot, und es ist kaum möglich, über das hinauszuge-
hen, was er schreibt. Der Historiker hatte ein großes Gemälde
der Schlacht in der Stoa Poikile, der «Bunten Halle» auf der
Agora in Athen, studiert und ansonsten die Erlebnisse von Augenzeugen gesammelt.* Was er Jahrzehnte nach dem Ereignis
an Schilderungen der jeweils eigenen Tapferkeit hörte, besitzt
aber nur eingeschränkte Glaubwürdigkeit. Noch der Komödi-

---

* Im Jahre 1880 wurde bei Orvieto ein rotfiguriger attischer Kelchkrater gefunden,
der auf der einen Seite den Mythos von der Tötung der Kinder der Niobe, auf der anderen – der Hauptseite – eine Szene mit elf bewaffneten, aber in Untätigkeit verharrenden
Gestalten zeigt. Eindeutig an ihren Attributen zu identifizieren sind nur Herakles in der
Mitte und links von ihm die Göttin Athena.
  Die Vermutung liegt nahe, dass es sich bei dieser Darstellung um eine Versammlung
von Kriegern unmittelbar vor Beginn einer (mythischen oder historischen) Schlacht
handelt. Bereits 1909 wurde – unter Verweis auf das berühmte Schlachtengemälde
in der athenischen Stoa Poikile, das in etwa zur selben Zeit entstand, in der die Vase
getöpfert und bemalt wurde – ein erster Versuch unternommen, die Szene als Moment-
aufnahme aus dem Geschehen von Marathon zu deuten. Gegenüber verschiedenen
anderen Interpretationen hat unlängst der Archäologe Luca Giuliani diese Deutung mit
neuen Argumenten untermauert: Der Schlüssel dazu ist für ihn die Beobachtung, dass
die Zentralfigur – wie bei Restaurationsarbeiten 1995 entdeckt wurde – auf einer Basis
steht und mithin nicht Herakles selbst, sondern eine Statue dieses Halbgottes darstellt.
Sie soll den Betrachter offenbar an ein Herakles-Heiligtum denken lassen, und das
berühmteste in Attika befand sich eben am Südrand der Ebene von Marathon. Dort
lagerten, wie Herodot 6.108 überliefert, die Athener vor der Schlacht, und genau diese
Situation der Verteidiger – begleitet von ihren göttlichen Helfern Herakles, Athena und
vermutlich Theseus – scheint die Vase zu zeigen.

endichter Aristophanes lässt in seinen Stücken der zwanziger
Jahre Veteranen, die Marathonomachai, auftreten, die weit
über ein halbes Jahrhundert nach der Schlacht athenische Bürger mit allzu ausführlichen Berichten ihrer Heldentaten nervten.

Herodots Schilderung schmeichelt Athen. Darin bleibt zunächst unklar, warum und wie lange sich beide Seiten untätig
gegenüberstanden. Es war schließlich Miltiades, der an dem
Tag, an dem ihm der Oberbefehl im Strategenkollegium zukam,
die Initiative ergriff. Das verwundert zunächst, denn die Spartaner waren noch nicht eingetroffen. Sie hatten Truppen angekündigt, wollten sie aber aus religiösen Gründen nicht vor dem
Vollmond absenden, mit dem das dem Apollon gewidmete
neuntägige Fest der Karneen zu Ende ging. Vielleicht bewog
Miltiades die Furcht vor einem Stimmungsumschwung im nun
von Truppen entblößten Athen zum Angriff, vielleicht bot sich
ihm auch eine unerwartete Gelegenheit dazu. Eine Nebenüber-
lieferung, die in einem byzantinischen Lexikon, der Suda, noch
greifbar ist, deutet dies an. Herodot kennt die Vorgänge nicht,
aber das besagt nichts. Er zieht im Allgemeinen vor, was günsti-
ger für Athen erscheint. Die Nebenversion entstammt einer ionischen Überlieferung. Ionische Griechen, die von den Persern
gezwungen worden waren, sich an der Expedition zu beteiligen,
hätten demnach durch Signale die Athener gewarnt, als Datis
nachts Truppen und Pferde auf die Schiffe verladen ließ, um das
ungeschützte Athen von der Seeseite aus anzugreifen. Miltiades
sah, dieser Version zufolge, daraufhin die Chance, die geschwäch-
ten persischen Linien vor den verbliebenen Schiffen anzugreifen.
Da die persische Reiterei bereits eingeschifft war, wäre der Sieg
dann nicht so schwer erkämpft gewesen, wie Herodot glauben
machen will.

In Herodots Darstellung begann die Schlacht mit einem
Sturmangriff der athenischen Hopliten. Zuletzt im Laufschritt
überwanden sie die acht Stadien (ca. 1,5 km), die zwischen beiden Heeren lagen, um die Distanzwirkung der persischen Bogenschützen zu unterlaufen. «Die Athener waren die Ersten von
allen griechischen Völkern, soweit wir wissen, die den Feind im
Laufschritt angriffen», resümiert der Historiker, «und sie waren

Abb. 3: «Freut Euch! Wir siegen!» Der Marathonläufer überbringt die
Siegesbotschaft. Gemälde von L. O. Merson (1869), Paris,
Musée de l´École des Beaux-Arts

auch die Ersten, die dem Anblick medischer Kleidung und medisch gekleideter Krieger standhielten.»

Der Kampf dauerte lange, im Zentrum setzten sich die Perser,
auf den Flügeln die Athener und Plataier durch. Von dort eilten
sie der Mitte zu Hilfe und trieben die Perser zu den Schiffen zurück. Sie erbeuteten allerdings nur sieben von ihnen, d. h., das
Gros der Perser hatte sich rechtzeitig gerettet, die Verlustzahl,
die Herodot mit 6400 angibt, ist weit überhöht. Auf der anderen Seite fielen 192 Athener, darunter der Polemarch Kallimachos. Herodot las die Namen der Gefallenen auf den Stelen am
Grabhügel.

Bald nach der Schlacht trafen auch die 2000 Schwerbewaffneten aus Sparta ein. Sie waren sofort nach Vollmond aufgebrochen und hatten die weit über 200 km bis Athen in wenigen
Tagen zurückgelegt. Die Athener zeigten ihnen das Schlachtfeld.

Wenn die Perser nur sieben von 200 Schiffen einbüßten, spricht das nicht für eine panische Flucht. Möglicherweise griff Miltiades sie erst beim Verladen der Truppen an. Datis und Artaphernes betrachteten ihre Sache jedenfalls noch nicht als verloren. Die persische Flotte umsegelte sofort Kap Sunion, um Athen vor der Rückkehr der Fußtruppen zu erreichen. Die Athener aber eilten, so Herodot, «so schnell die Füße sie tragen wollten», zurück und langten auch tatsächlich noch vor Ankunft der persischen Armada an. Diese ankerte auf der Höhe des damaligen Hafens Phaleron, segelte aber dann, ohne einen Landungsversuch zu unternehmen, zurück nach Asien. Der Abbruch der Invasion hing damit zusammen, dass die erwartete Unterstützung aus der Stadt ausblieb. Dass mit ihr gerechnet worden war, spiegelt auch die spätere athenische Diskussion um angebliche und tatsächliche Verräter wider. Ins Visier geriet außer den Tyrannenfreunden vor allem die Familie der Alkmeoniden, der Perikles entstammte. Angeblich sollen sie die Perser durch ein Zeichen, einen hochgehobenen Schild, aufgefordert haben, Athen von der Seeseite aus anzugreifen. Herodot weist solch eine Absprache mit den Alkmeoniden strikt als «Gerede» zurück. Die entschiedenen «Tyrannenhasser», für die der Historiker sie gerne hält, wurden die Alkmeoniden freilich erst nach den Perserkriegen.

Unzweifelhaft eine Erfindung ist allerdings der Lauf eines Boten von Marathon nach Athen, um dort den Sieg zu verkünden. Ein antiker Marathonlauf – worauf später noch einzugehen sein wird – hat nie stattgefunden.

Zwischen den Kriegen

Das Flottenunternehmen des Miltiades

Die Zeit zwischen den Kriegen war in Athen von widersprüchlichen Gefühlen geprägt. Marathon verschaffte ein neues Selbstbewusstsein, doch wegen der weiterhin drohenden Gefahr einer zweiten persischen Invasion zeigte sich auch Nervosität. Athen suchte gleichsam einen neuen Weg.

Für den Sieger von Marathon, den Feldherrn Miltiades, währte der Erfolg nur kurz. Er versuchte den Triumph möglichst schnell zu nutzen, um seine eigene Position in Athen auszubauen. Das fiel ihm leicht, denn die Athener glaubten sich nach ihrem Sieg über die Perser allen griechischen Gegnern überlegen. So reizte es, aus Ehre rasch Kapital zu schlagen. Schon im Frühjahr 489 beschloss die Volksversammlung auf Antrag des Miltiades, einen Feldzug gegen verschiedene Kykladeninseln zu unternehmen. Vorwand war, sich gegen einen neuerlichen Angriff der Perser auf der Ägäis-Route über die Kykladen zu sichern. Doch ging es vor allem darum, den athenischen Einfluss weit nach Süden und Osten hinauszuschieben und durch die Erhebung von Tributen die Staatskasse zu füllen. Nach Herodot erhielt Miltiades für sein Versprechen, er wolle die Athener in ein Land führen, aus dem sie «Gold in Fülle davonschleppen könnten», 70 Schiffe, ein Landheer, Geld und alle Blankovollmachten. Nicht einmal ein Ziel hätte er angeben müssen. Es war dies schließlich die Insel Paros. Nachdem Miltiades einige der kleineren Kykladeninseln verwüstet hatte, stoppte ebendort die Invasion. Die Athener forderten 100 Talente Kontribution und begannen die Belagerung. Sie scheiterte nach genau 26 Tagen, Miltiades selbst wurde verwundet und musste den Rückzug antreten. Seine Feinde, namentlich die Alkmeoniden, die selbst wegen ihrer vermuteten Konspiration mit den Persern unter Druck standen, nutzten die Situation.

Xanthippos, der Vater des Perikles, ließ Miltiades wegen Hoch-
verrats anklagen. Vorgeworfen wurde ihm Betrug am Volk. Das
war, abgesehen davon, dass das Volk die Expedition selbst
gewünscht hatte, nicht einmal falsch. Zum geforderten Todes-
urteil kam es dann aber nicht, stattdessen wurde eine Geldbuße
von 50 Talenten verhängt, eine Art Reparationszahlung, denn
etwa auf diese Höhe müssen sich die Kosten des gesamten Unternehmens belaufen haben. Athen hatte 489 ja nicht einmal
über jene 70 Schiffe geboten, die nach Paros entsandt wurden,
sondern musste sich eigens für dieses Unternehmen Trieren –
Kampfschiffe mit drei übereinander angeordneten Ruderrei-
hen – von den Korinthern ausleihen. Der Fall (des) Miltiades ist
Folge einer Hybris, die Herodot ansonsten eher auf persischer
Seite sieht. Der Feldherr starb bald darauf an seiner Verletzung;
sein Sohn Kimon bezahlte die Buße und stieg nach den Perserkriegen zum einflussreichsten Politiker Athens auf.

Der Ostrakismos: Das Scherbengericht als neues politisches Instrument

Die Weichen für ein Erstarken der Volksversammlung waren
noch im ausgehenden 6. Jahrhundert gestellt worden. Sie wählte
seit 502/01 jährlich zehn Strategen, die an die Stellen der Phy-
lenführer getreten waren. Ein eigener, noch zur Zeit des Aristoteles zu schwörender Eid verpflichtete die Ratsherren auf das
Volk, und vielleicht ging auch das Recht, einen Ostrakismos
durchzuführen, damals an das Volk über. Umstritten ist, ob es
anfangs dem Rat der Fünfhundert oblag, sicher hingegen, dass
es das Volk war, das dieses Recht 487 auch anwandte.

Schon bald nach dem Sturz der alten Tyrannis hatte Kleisthenes dieses politische Instrument zur Verhinderung einer neuen
eingeführt. Hinter der Maßnahme steckte anfangs wohl noch
die Furcht der Aristokraten vor ihren eigenen Standesgenossen,
denn nur aus diesen rekrutierten sich die Tyrannen. Später
wurde der Ostrakismos dem Volk ein Mittel zur Kontrolle der
Aristokraten, noch später ein Medium des Parteienstreits. Wer
durch das Scherbengericht verbannt wurde, verlor weder Geld

noch Ehre, sondern nur temporär seinen politischen Einfluss. Der Ostrakisierte konnte nach zehn Jahren zurückkehren und wieder Ämter bekleiden. Dem Missbrauch waren gleichsam zwei Riegel vorgeschoben. Das Scherbengericht, zu dem sich das Volk, zu Phylen geordnet, auf der Agora versammelte und dabei Scherben (Ostraka) mit dem Namen desjenigen abgab, der ins Exil geschickt werden sollte, konnte nicht willkürlich einberufen worden. In der sechsten Prytanie (etwa Januar) beschloss die Volksversammlung zunächst, ob im laufenden Archontenjahr überhaupt ein Ostrakismos abgehalten werden sollte. Erst wenn die Ekklesia dies bejahte, konnte dieser etwa zwei Monate später stattfinden. Verbannt werden sollte jener, dessen Namen am häufigsten auf die Scherben geschrieben wurde, doch war ein Quorum von 6000 abgegebenen Stimmen Vorbedingung. Eine andere Quelle berichtet sogar, dass 6000 Ostraka auf eine einzige Person entfallen mussten.

Bei Ausgrabungen in Athen wurden zahlreiche Ostraka gefunden, und ihre Zahl vermehrt sich fast jährlich auf mittlerweile bereits weit über 12 000. Die Scherben zeigen eine Vielfalt von Namen (auch von Personen, die in den literarischen Quellen keine Rolle spielen), erhellen politische Vorlieben und geben gelegentlich Motive an, wenn sich der Abstimmende zu einem gekritzelten Kurzkommentar entschloss. Paradoxerweise sind diejenigen Politiker am stärksten vertreten, die nicht oder nicht sofort verbannt wurden, da sich bei ihnen die Scherben aus mehreren Abstimmungen häufen. Aristoteles zufolge wurde als Erster Hipparchos verbannt, Sohn des Charmos, wahrscheinlich das Haupt der in Athen zurückgebliebenen Familie der Peisistratiden. 496/5 war er noch Archon gewesen. Nach der missglückten Rückführung des Hippias durch die Perser wuchs jedoch das Misstrauen gegen ihn und führte 488/7 zu seiner Ostrakisierung. Auch die zwei in den beiden folgenden Jahren durchgeführten Verfahren richteten sich gegen Tyrannenfreunde, die einer Zusammenarbeit mit den Persern verdächtigt wurden.

485/4 wurde Xanthippos verbannt. Er hatte in die Familie der Alkmeoniden eingeheiratet, die zumindest bis 490 ebenfalls

Abb. 4: Ostraka mit den Namen Aristeides, Kimon und Themistokles

als perserfreundlich galt. Aristoteles nennt freilich als Grund
des Ostrakismos nur, dass Xanthippos den Athenern zu mächtig geworden schien. Mit der Exilierung des Aristeides, dem
Mann, dem später die Aufgabe übertragen wurde, die Tribute
des Seebundes festzulegen, und der darum «der Gerechte»
genannt wurde, tritt 483/2 ein neues Motiv hinzu. Er wurde
offensichtlich im Konflikt um die neue Strategie gegenüber den
Persern verbannt. Sein Gegenspieler war Themistokles, von
dem sich entsprechend viele Scherben erhalten haben, da er erst
Ende der siebziger Jahre gezwungen wurde, Athen zu verlassen.
Offenbar gelang es ihm bis dahin, die meisten Anhänger in den
Abstimmungen zu organisieren.

In den Verbannungen dokumentiert sich auch ein steigendes
Selbstbewusstsein des Demos. Zwar wurden alle wichtigen Ämter nach wie vor unter den Aristokraten verteilt, die Stimmen
des Volkes zählten aber zumindest dort, wo es um die grund-
sätzliche Ausrichtung der Politik ging. Das timokratische – auf
Wirtschaftsleistungen des Individuums beruhende – System Solons befand sich schon lange in Auflösung: Zum Archontat war

nicht mehr allein die oberste Klasse zugelassen, auch die Hippeis (Ritter) zählten nun zu den Kandidaten. Obendrein wurde das Amt durch eine Reform im Jahre 487/6 langfristig entwertet. Eine Kombination von Wahl und Losentscheidung ersetzte die bisherige direkte Wahl. In den Demen wurden 100 Kandidaten vorgewählt, aus denen dann per Los die neun Archonten bestimmt wurden. So blieb die Bekleidung des Amtes dem Zufall überlassen. Als direkte Folge scheint der Polemarch, einer der neun Archonten mit dem Geschäftsbereich der Kriegführung (*polemos*), den Oberbefehl über das Heer und den Vorsitz über das Strategenkollegium verloren zu haben. Für den Krieg wurden Bürger gebraucht, die nach Ausweis ihrer militärischen Fähigkeiten gewählt wurden. Das aber waren die zehn Strategen, und in der Konsequenz wurden sie, die sich alljährlich vor der Volksversammlung zur Wahl stellen mussten, in den folgenden Jahren zu den wichtigsten Magistraten der expandierenden Seemacht Athen.

Die Flottenpolitik des Themistokles

Der Sieger in den innenpolitischen Auseinandersetzungen in Athen hieß Themistokles. Er wurde 483 zum Strategen gewählt, für das Jahr 482 ist seine Wiederwahl wahrscheinlich, für 481 und 480 gesichert. Zwar besaß er jeweils neun Kollegen im Amt, aber seine Dominanz ergibt sich schon daraus, dass wir aus jener Zeit nur einen einzigen weiteren kennen. Xanthippos, der 481/0 aus dem Exil zurückberufen worden war, bekleidete im Jahr von Salamis und Plataiai (480/79) ebenfalls das Strategenamt.

Das Porträt des Themistokles als Begründer der athenischen Seemacht ist post eventum gezeichnet. Thukydides sieht in ihm den größten athenischen Staatsmann, der als Autodidakt die Gesetze des politischen Handelns gelernt und Athen zur Großmacht erhoben hatte. «Dass man sich der See bemächtigen müsse, wagte (Themistokles) nämlich als Erster zu behaupten, und so schuf er geradezu die Grundlage für das (athenische) Reich.»

Abb. 5: Attische Triere des 5. Jahrhunderts

Im Jahre 483/2 waren in Maroneia an der Südostküste von Attika neue Silberflöze entdeckt worden. Zusammen mit dem Erlös aus den benachbarten Minen von Laureion flossen dem athenischen Staatsschatz nun so viele Gelder zu, dass sich eine Dividende von zehn Drachmen pro Bürger ergab. Athen zählte in etwa 30000 Bürger, der Überschuss betrug nach dieser Rechnung rund 50 Talente. Themistokles stellte den Antrag, diese Gelder nicht zu verteilen, sondern sie zum Bau von Trieren zu verwenden. Aus der Perspektive des Sieges von Salamis wurde auch dieser Vorschlag als Vorbereitung auf die absehbare Invasion der Perser interpretiert. Themistokles mag diese im Blick gehabt haben, im Jahre 483/2 aber konnte er die Athener kaum mit der Drohung einer fernen Gefahr überzeugen, vielmehr war es der aktuelle Konflikt mit Aigina, der den Ausschlag gab. Auch Herodot hat das so gesehen: Es war der Krieg gegen Aigina, schrieb er, der Hellas rettete.

Herodot erwähnt den Neubau von 200 Trieren. Dafür reichten die genannten Einnahmen aber bei weitem nicht. 200 war die Zahl der Schiffe, die zum Einsatz kam. Vielleicht trifft Aristoteles, im Anschluss an den Atthidographen Androtion, das Richtige. Ihm zufolge wurden zu den vorhandenen noch 100 neue gebaut.

Die Trieren waren kleiner und wendiger als die vorher eingesetzten Fünfzigruderer (Pentekonteren). Zwischen 35 und 37 Meter lang, 5 bis 6 Meter breit, waren sie mit einem bronzenen Sporn ausgestattet, mit dem gegnerische Schiffe gerammt und versenkt werden konnten. In drei Rängen saßen ungefähr 170 Ruderer, dazu kamen neben dem nautischen Personal Schwerbewaffnete für den Nah- und Bogenschützen für den Fernkampf, idealiter ca. 200 Mann pro Triere. Die genaue Sollstärke zur Zeit der Perserkriege ist nicht bekannt, wahrscheinlich lag sie niedriger. Entscheidend war, dass mehr Athener denn je im Kampf standen. Ihr Einsatz im Krieg wertete insbesondere die politische Rolle der Theten – Angehörigen der untersten Vermögensklasse, die zu Tausenden als Ruderer auf den Trieren Dienst taten – auf und sicherte ihnen auch Mitsprache im Frieden. Die neue Strategie des Themistokles bedeutete eine einschneidende Wende nicht nur in der Militärpolitik und leitete Athens Aufstieg zur führenden Seemacht der Klassischen Zeit ein.

Das zweite Vorwort Herodots

Die große Zäsur im Werk Herodots liegt zwischen dem sechsten und dem siebten Buch. Mit dem Letzteren beginnt die Darstellung des Entscheidungskampfs zwischen Persern und Griechen. Ein Drittel seines Gesamtwerkes widmet der Historiker gerade einmal zwei Jahren. Es ist der Höhepunkt und das Zentrum des Werkes, auf das sich alles Voranstehende zubewegt.

Herodot geht nochmals auf das Jahr 490 zurück, aber dabei geht es ihm nicht um die griechische, sondern die persische Perspektive. Er führt den Leser an den Hof des Großkönigs, wie es bereits der Dramatiker Aischylos in seinen *Persern* gemacht hatte. Dareios erhält die Nachricht von der Niederlage und ergrimmt. Er befiehlt neue gewaltige Rüstungen: Alle Provinzen und Völker müssten weit mehr Truppen stellen als zuvor, außerdem Kriegsschiffe, Pferde, Getreide und Lastschiffe. Ganz Asien gerät in Bewegung, die Tapfersten der Tapferen sammeln sich zum Krieg gegen Hellas. Dessen Schicksal scheint besiegelt, doch überraschend bekommt es eine Gnadenfrist. Die Ägypter fallen von den Persern ab und müssen wieder unterworfen werden. Noch während der neuen Rüstungen stirbt Dareios nach sechsunddreißigjähriger Herrschaft, das Reich braucht einen Erben. König der Könige wird Xerxes, doch für ihn ist Athen weit entfernt, er sieht seine erste Aufgabe in der Niederschlagung des ägyptischen Aufstandes. Die Griechen scheinen gerettet, bis der Feldherr und Berater Mardonios auftritt, ein «unruhiger Kopf» mit dem Ziel, Satrap von Hellas zu werden. Dazu kommen Boten aus Thessalien, gleichsam dem nördlichen Einfallstor nach Griechenland. Sie kommen von der Familie der Aleuaden, welche die Herzöge stellt, und bezeugen deren Ergebenheit. Auch die Peisistratiden reisen nach Susa und hetzen gegen ihre Heimatstadt. Ein Orakeldeuter aus Athen findet sich mit ihnen ein, verkündet, was Xerxes hören will, und verschweigt das Unheilvolle. Nun ist der Großkönig überzeugt, er ist zum Zug gegen Hellas entschlossen. Mit vier Zeilen tut Herodot das Unternehmen gegen Ägypten ab, er ist bei seinem eigentlichen Thema angekommen.

Bevor er aber den Zug gegen Athen ins Werk setzt, unterbricht der Historiker seine Darstellung für einen ungewöhnlichen Exkurs. Er führt den Leser in das innerste Zentrum der persischen Macht, in den Kronrat. Die Kapitel 7.8 bis 18 sind ein Höhepunkt des Werkes, inhaltlich ein neues Vorwort. Sie bieten indirekt ein Resümee des Vergangenen und einen Ausblick auf das Künftige, in nuce eine Zusammenfassung der Darstellung. Herodot sucht, wie er es schon im allerersten Kapitel des ersten Buches ankündigt, den Gründen des Krieges auf die Spur zu kommen und stellt die Frage, warum er nicht verhindert werden konnte, denn ungeachtet des griechischen Sieges versteht er Krieg als leidvolles Geschehen für die Beteiligten. Der Historiker verzichtet auf eigene Spekulationen, er lässt die Mitglieder des persischen Kronrates sprechen, um die Verschiedenheit der Meinungen zu zeigen. Xerxes eröffnet die Versammlung. Er ist der Alleinherrscher, doch will er seine Gründe für die Invasion vorlegen und sie bestätigen lassen. Das Rachemotiv ist buchstäblich drittrangig geworden. Nun werden aus sozusagen berufenem Mund Beweggründe offenbar, die auch Herodot aus seiner Kenntnis der persischen Geschichte für die tatsächlichen hält. Es ist zuerst der *Nomos* (Brauch), den Xerxes anführt: Zur persischen Tradition gehört es, Kriege zu führen und das Land zu mehren. Das geht auf Kyros zurück, dann folgen Kambyses und Dareios; Xerxes wird den Brauch der Vorgänger fortführen. Dies entspricht dem, was die Götter fordern. Göttliches Geheiß und menschliches Bemühen stimmen überein. Mit dem Gewinn fremder Länder geht auch einer an Ruhm einher. Wenn Hellas mitsamt der Insel des Pelops (Peloponnes) erobert ist, wird kein Volk mehr wagen, sich gegen die Perser zu erheben. Bis dorthin, wo es an den Himmel stößt, wird sich deren Reich dehnen. Xerxes spricht nun von der Weltherrschaft, und das ist ein Motiv, das 150 Jahre später noch Alexander den Großen umtreiben sollte.

Der nächste Redner, Mardonios, nennt keine weiteren Gründe; an ihm liegt es, das Machbare des Plans zu bekräftigen. Widerspruch kommt – unerwartet – erst vom dritten Redner. Artabanos ist ein naher Verwandter des Großkönigs, und so wagt er Einwände. Sie sind das Ergebnis klugen Nachdenkens über die Vergangenheit, die Summe der Erfahrungen aus den missglückten Feldzügen. Artabanos ist die Stimme der Vernunft, er allein denkt über die Gegenwart hinaus: Übereiltes Handeln führe stets zu Fehlgriffen, Abwarten berge das Gute, auch wenn es nicht sofort zum Vorschein trete.

Mit Artabanos' Rede kommen auch die Götter in die Waagschale der Argumente. Herodot glaubt an deren Wirken. Artabanos warnt vor der Hybris, vor dem Übertreten des menschlichen Maßes. Es folge die Nemesis auf dem Fuße, die göttliche Vergeltung. «Du siehst die hervorragenden Geschöpfe, die Gott mit seinem Blitzstrahl trifft und nicht duldet, dass sie sich prahlerisch zur Schau stellen, dass aber die kleinen Geschöpfe ihn gar nicht berühren; du siehst, wie er immer die größten Gebäude und die höchsten Bäume mit seinen Geschossen trifft. Die Gottheit liebt es ja, alles Hervorragende zu verstümmeln. So wird ja auch ein starkes Heer von einem schwachen dadurch vernichtet, dass ihm die Gottheit in ihrem Neide Schrecken einflößt oder zu Blitz und Donner greift, wodurch es dann in einer unwürdigen Weise zugrunde geht. Denn die Gottheit duldet nicht, dass außer ihr irgendjemand hochmütig ist.»

Der Großkönig kann Widerstand nicht zulassen, er bekräftigt den Kriegsbeschluss und fügt den genannten Gründen für die Invasion weitere hinzu. Es gelte, das Reich vor Schaden zu bewahren: Handeln oder Dulden sei die Wahl. Entweder falle der persische Erdteil in die Hände der Hellenen oder der griechische in diejenigen der Perser. Versöhnung gebe es nicht.

Xerxes plädiert für einen Präventivkrieg, und es hat den Anschein, als habe Herodot dieses Argument der Diskussion am Vorabend des Peloponnesischen Krieges zwischen Sparta und Athen entnommen. Der Historiker Thukydides jedenfalls lässt den athenischen Staatsmann Perikles (ca. 490–429) ähnliche Überlegungen anstellen und analog handeln.

Herodot stellt Xerxes ungeachtet seines Scheiterns nicht als König dar, der sich hochmütig Einsichten verschließt. Trotz seiner spontanen Ablehnung denkt Xerxes über die Argumente des Artabanos nach und ändert überraschend seine Meinung. Am nächsten Tag beschließt er, das Unternehmen aufzugeben. Doch die menschliche Vernunft scheitert hier am Willen der Götter. Zweimal erscheint dem Großkönig ein Traumbild, das ihn mit Drohungen zur Invasion zwingen will, und als er sich hilfesuchend an Artabanos wendet, bedroht es auch diesen. Mit glühenden Eisen scheint es ihm, den Seher künftigen Unheils, die Augen ausbrennen zu wollen, und nun resigniert auch der rationale Ratgeber: «Die Gottheit treibt uns», bekundet er und irrt, wie einst Kroisos bei seinem Angriff auf das Perserreich: «Offenkundig hat sie das Verderben der Hellenen beschlossen.» Die Götter veranlassen Xerxes, das zu tun, wofür sie ihn bestrafen wollen.

Die Kronratszene wie die Traumsequenz ziehen ein Fazit dessen, was in der persisch-griechischen Geschichte geschehen ist, sie erfüllen das Versprechen des Historikers, die Gründe des großen Konfliktes zu untersuchen, und sie geben einen Einstieg in die Geschichte des Krieges von 481 bis 479. Sie zeigen die Pläne des Xerxes und deuten bereits an, warum sie scheitern müssen. Wie später Thukydides gibt auch Herodot keinen umfassenden Kommentar zum Geschehen. Um das Verständnis für die Ereignisse zu vertiefen, lässt er andere sprechen. Dass sie teilweise seine Gedanken formulieren, ist unverkennbar.

Herodot beschließt sein zweites Vorwort mit dem dritten Traum des Xerxes. Dieser sieht sich mit einem Ölzweig bekränzt, dessen Triebe die ganze Erde überschatten. Die Magier deuten den Traum als Erringung der Weltherrschaft: Die ganze Erde und alle Völker würden ihm untertan werden. Danach beginnt Herodot die Schilderung der unmittelbaren Vorgeschichte des Krieges. Beide Parteien rüsten.

Der Weg zum Hellespont

Truppen und Schiffe

Herodots Bericht von der Invasion des Xerxes ist eine der großartigsten Geschichtsdarstellungen, welche die abendländische Literatur kennt. Der Historiker glorifiziert den Sieg, aber nicht den Krieg. Wie der Krieg das Leben der Menschen verkehrt, hatte er schon im lydischen Logos des ersten Buches erkannt. Im Frieden begraben die Kinder die Eltern, im Krieg die Eltern die Kinder.

Planmäßigkeit, Dimension und Konsequenz der persischen Rüstungen faszinierten den Historiker. Den Großteil des siebten Buches verwendet er für deren Schilderung, mit der er freilich noch einen weiteren Zweck verbindet. Sie dient ihm zum Beweis, den größten Krieg aller Zeiten und Völker zu beschreiben. Vier volle Jahre sei nach der Niederschlagung des ägyptischen Aufstandes gerüstet worden. Am Ende habe sich ein Heer auf den Weg nach Westen gemacht, das seinesgleichen in der Geschichte suchte. Weder die Kriegszüge des Dareios noch die der Skythen oder auch derjenige der Griechen gegen Troja könnten sich mit dem des Xerxes vergleichen. Wie später Thukydides mit seinem langen Vorwort, der «Archäologie», Herodot vergessen machen will, sucht dieser hier aus dem Schatten Homers zu treten: Wo dieses Heer, gebildet aus allen Völkern Asiens, seinen Weg genommen habe, seien die Felder kahl geworden und die Flüsse versiegt. Zum Beleg präsentiert Herodot – in Anlehnung an Homer – umfangreiche Kataloge der Fußtruppen, der Reiter und der Schiffe.

In Doriskos, also bereits auf thrakischem Boden, präsentieren sich die Landtruppen: Perser, Meder, Hyrkanier, Assyrer, Baktrier, Saken, Inder, Parther, Chorasmier, Kaspier, Araber, Aithioper, Libyer, Paphlagoner, Ligyer, Syrier, Phryger, Armenier, Lyder, Myser, Kolcher und zahlreiche andere Völker bis hin zu den Inselbewohnern des Roten Meeres. Herodot beschreibt Kleidung und Waffen, nennt die Namen der Anführer. Er zählt die Reitermannschaften auf und die Schiffskontingente: 300 Trieren aus Phönikien, 200 aus Ägypten, 150 aus Kypros, 100 aus Kilikien sowie von den Ioniern, 457 aus Pamphylien, Lykien, Karien, Aiolien, vom Hellespont, den Inseln und dem übrigen Kleinasien.

Herodot hatte offenbar Zugang zu amtlichen persischen Listen, er selbst erwähnt Schreiber, die Namen und Heeresstärke genau festhielten. Dazu gab es eine mündliche persische Tradition, und die griechische Spionage hatte ihre eigenen Aufzeichnungen. Vermutet wurde auch, dass ein Überläufer namens Zopyros, Enkel eines persischen Generals, Mitte des Jahrhunderts entsprechende Nachrichten nach Athen brachte. Manche Beschreibungen sind vielleicht auch von persischen Reliefs inspiriert, die Herodot auf seinen Reisen sah, und sicherlich berichteten auch griechische Augenzeugen, wie der Dramatiker Aischylos einer war.

Herodot kannte Aischylos' Drama «Die Perser», das 472 unter der Choregie des jungen Perikles aufgeführt worden war, und manche seiner Wertungen gehen auf den Dramatiker zurück. Das Bild von der tausendarmigen und tausendschiffigen Heeresmacht, die wie eine Meeresflut heranwälzt und alles überschwemmt, was ihren Weg hemmen will, hatte sich eingeprägt, zumal Aischylos wie zum Beleg auch eine genaue Zahl gibt. Dreihundertzehn Schiffe der Griechen standen 1207 des Xerxes gegenüber, behauptet er mit ausdrücklicher Berufung auf sicheres Wissen. Herodot hat die letztere Zahl übernommen, sie um 3000 Lastkähne ergänzt und in seinem Schiffskatalog auch dadurch bekräftigt, dass er sie in verschiedene Einzelkontingente aufteilte.

Aischylos hatte die Schiffe nicht gezählt, zumal die Perser angeblich schon vor den eigentlichen Kämpfen bei Salamis etwa 600 Boote durch Sturm und Havarie verloren hatten. Er übernahm offenbar nur die Homerische Schiffszahl aus der «Ilias» (1186), rundete sie auf 1200 auf und fügte die heilige Zahl «Sieben» dazu, um einesteils genau zu wirken und andererseits die Zahlen des Troja-Aufgebots zu übertreffen.

Die tatsächliche Stärke der persischen Flotte ist schwer zu beurteilen. Moderne Schätzungen können nichts anderes sein als Vermutungen. Bei Salamis waren die persischen Kriegsschiffe denen der Griechen, die Herodot insgesamt auf 378 beziffert, immer noch numerisch überlegen, aber nicht mehr «um vieles». Dafür hatte nach Meinung des Historikers die Gottheit gesorgt, welche die schon genannten rund 600 Trieren bereits bei der Anfahrt an den Klippen der griechischen Küsten hatte zerschellen lassen. Vielleicht entsprechen die «verbliebenen» 600 Kriegsschiffe in etwa der Zahl, die sich auf den Seeweg nach Griechenland gemacht hatten.

Die überlieferten Zahlen für die Fußtruppen sind ganz und gar utopisch. Der Dichter Simonides zählte an den Thermopylen drei Millionen Feinde, und Herodot kam anlässlich der Truppenschau von Doriskos immerhin noch auf eine 1 700 000, zu denen dann später noch Verstärkungen stießen. Die logistischen Probleme, mit denen eine solche Heeresmasse mehr als mit dem Gegner zu kämpfen gehabt hätte, lassen die genannten Zahlen schrumpfen. Selbst 100 000 Mann, darunter 10 000 bis 15 000 Reiter, verursachten noch hinreichende Versorgungsprobleme und wären, an griechischen Verhältnissen gemessen, immer noch ein Heer von furchteinflößender Größe gewesen. Das Heer, mit dem Alexander der Große 334 in die Gegenrichtung aufbrach, umfasste mit ungefähr 35 000 Mann inklusive Reiter gerade mal ein Drittel.

Kanäle und Brücken

Die griechische Vorstellung, einem vielfach überlegenen Gegner gegenüberzustehen, wurde auch durch die Art der persischen Kriegsvorbereitung genährt. Xerxes verzichtete auf jedes Überraschungsmoment, um keinen der Fehler seiner Vorgänger zu wiederholen. Er gab den Griechen vier Jahre Zeit, selbst zu rüsten und ihre Zwistigkeiten zumindest teilweise beizulegen. Dafür wurde allen Eventualitäten des Zuges Rechnung getragen. Lebensmittel und Futter für Mannschaften und Tiere wurden aus den verschiedenen Teilen Asiens zusammengekarrt und mit

Transportschiffen nach Europa gefahren, entlang des geplanten Weges bis nach Thrakien und Makedonien riesige Depots angelegt. Über die großen Flüsse wie den Strymon wurden Brücken geschlagen, das Athosgebirge, an dem die Flotte des Mardonios Schiffbruch erlitten hatte, durchstochen. Herodot besuchte den Kanal, in dem zwei Trieren mit voll ausgefahrenen Rudern nebeneinander fahren konnten, und ließ sich von den Umwohnern, die zu den Arbeiten herangezogen worden waren, Einzelheiten vom Bau erzählen. Sein besonderes Augenmerk aber galt dem Werk, das die Zeitgenossen am meisten bewunderten und das zum Symbol der persischen Hybris werden sollte, der Brücke über den Hellespont. Von Abydos zur thrakischen Chersonesos wurde von phönikischen und ägyptischen Ingenieuren aus Hanfseilen und Papyrusbast ein Brückenpaar erbaut, das von 360 bzw. 314 Schiffen (die zum Pontos hin gerichtete Brücke führte wegen der Strömung in leicht schräger Richtung über die Meerenge) gebildet wurde. Mit großen Winden straff gezogene Taue verbanden die Schiffe miteinander, auf Balken und Planken wurde Erde aufgeschüttet, so dass der Übergang einem Weg glich, der freilich an den Seiten durch Sichtblenden abgeschirmt wurde, damit Pferde und Zugvieh nicht scheuten.

Herodot hat den Brückenschlag dramatisiert und damit im Bewusstsein der Griechen verankert. Die Überquerung des Hellespont ist eine doppelte Grenzüberschreitung. Die Perser verlassen Asien und betreten Europa, Xerxes übertritt das dem Menschen von den Göttern gesetzte Maß. Der Historiker hat dies in einer Szene von größter Eindringlichkeit verdeutlicht. Als ein Sturm die erste Brücke zerreißt, ergrimmt der König gegen die Mächte, die seine Pläne zu stören wagen. Er gibt Auftrag, den Hellespont mit 300 Geißelhieben zu züchtigen; Fußfesseln werden im Meer versenkt, Henkersknechte ausgeschickt, um ihm Brandmale aufzudrücken, den Aufsehern der Brücke werden die Köpfe abgeschlagen: «Du bitteres Wasser! So züchtigt dich der Gebieter, weil du ihn gekränkt, der dich doch nie gekränkt hat. König Xerxes wird über dich hinweggehen, ob du nun willst oder nicht.»

In zweifacher Hinsicht weist die Hellespont-Überquerung als

Beginn des Krieges auf sein Ende voraus. Xerxes' Verhalten belegt die Hybris, vor der Artabanos gewarnt hat und die die Strafe der Götter nach sich ziehen wird. Wer sich erhebt, wird erniedrigt: Hohe Gebäude trifft der Blitz, hatte Artabanos im Kronrat gesagt. So ist die Niederlage offenbar, bevor der Fuß des Xerxes europäischen Boden betritt. Herodot schlägt von hier bereits den Bogen zum Ende seines Werkes. Er greift hier auf das letzte Ereignis seiner Geschichte vor, die Fahrt des Atheners Xanthippos zum Hellespont, von dem er die Taue jener Brücken als Siegestrophäe nach Athen bringen wird.

An der Historizität dieser Szene gibt es Zweifel, auch am zweimaligen Bau der Brückenpaare in so kurzer Zeit. Es sind aber sicherlich keine Erfindungen Herodots, er hat, was ihm berichtet wurde, allenfalls ausgeschmückt. Schon bei Aischylos findet sich das Motiv des bestraften Frevlers, der in krankhaftem Jugendtrotz (so dort der Geist des Vaters Dareios) sich als Mensch anmaßt, selbst über den Meeresgott zu herrschen, indem er den Hellespont in schmiedeeiserne Fesseln schlägt. Xerxes wird gerade dort in seine Schranken verwiesen, wo er sie zu durchbrechen scheint.

Noch stärker als die Heeresschau von Doriskos vermittelte die Überquerung des Hellespont einen Eindruck von den Dimensionen der persischen Truppen. Die Meeresenge war der Ort, an dem die griechische Aufklärung sich am besten über den Vormarsch der Perser informieren konnte, und sie hat offenbar den Schrecken, den die konzentrierte Heeresmacht verbreitete, in die Heimatstädte weitergegeben. Sieben Tage und sieben Nächte lang sei das Heer unter den Peitschenhieben der Aufseher, teils in Marschformation, teils ungeordnet, in stetem Fluss über die Brücken gezogen, auf der Pontos-Seite das Fußvolk und die Reiterei, auf der Ägäis-Seite Zugvieh und Tross. Das ganze Meer sei von Schiffen bedeckt gewesen, die Küste aber und das Flachland von Abydos übersät von Menschen. Wie später bei Salamis beobachtete der Großkönig dieses alles von einem eigens errichteten Thron aus und weinte – so Herodot – aus Mitleid mit dem Geschick der Menschen.

Das Bündnis der Griechen

Den Winter 481/0 hatte Xerxes in Sardes zugebracht und war mit Frühlingsanfang zum Hellespont aufgebrochen. Er hatte Troja besucht und war schließlich nach Doriskos in Thrakien gekommen, wo sich die Truppen ein letztes Mal sammelten, bevor sie in drei Kolonnen weiter nach Makedonien und Thessalien marschierten. Die Flotte durchfuhr den rechtzeitig fertiggestellten Athos-Kanal mit Richtung auf Therme (Thessaloniki), von wo aus bereits der Olymp zu sehen war. Xerxes besuchte die Mündung des Peneios und verweilte länger im thessalischen Pieria. Dorthin kamen die Herolde, die er noch von Sardes aus in die verschiedenen griechischen Städte, ausgenommen die Hauptgegner Athen und Sparta, geschickt hatte, um Erde und Wasser zu fordern. Xerxes hoffte, angesichts seiner militärischen Überlegenheit diese symbolischen Gaben auch von jenen Städten zu bekommen, die Dareios die Unterwerfung verweigert hatten.

Die griechische Uneinigkeit

Spätestens 484/3 hatten die Griechen von der bevorstehenden Invasion erfahren. Das Bewusstsein einer drohenden Gefahr war aber außer im besonders gefährdeten Athen kaum entwickelt. Die persische Herrschaft in Kleinasien verbreitete offenbar keine Schrecken. Der Großteil der Inseln und der Poleis im Mutterland konnte sich ein Leben unter der schließlich doch weit entfernten persischen Macht gut vorstellen. Zumindest zogen es die meisten dem ungewissen Ausgang eines Krieges vor. Der persische Popanz, der mit der Zerschlagung der griechischen Kultur drohte, ist nach ersten Ansätzen im 4. Jahrhundert v. Chr. vor allem eine Erfindung der Neuzeit. Die Griechen selbst waren weniger schreckhaft. Das Orakel von Delphi, das sich seiner internationalen Bedeutung und Anerkennung sicher war, und das im Falle eines verlorenen Krieges um seine gehorteten Schätze hätte fürchten müssen, warnte in wenig verklausulierten Orakeln unter anderem die Athener, Argiver und Kreter mehr oder minder offen vor der Aufnahme des Kampfes mit dem scheinbar übermächtigen Gegner.

Die Herolde des Großkönigs waren bereits unterwegs, als sich eine Minderheit der griechischen Städte auf eine gemeinsame Abwehr besann. Im Herbst 481 trafen sich etwa 30 verteidigungswillige griechische Staaten auf dem Isthmos, um über gemeinsame Maßnahmen zu beraten. Bezeichnend ist, dass der erste Beschluss der griechischen Eidgenossenschaft, die sich damals als Hellenischer Bund konstituierte, eher eine Drohung nach innen als nach außen war. Die versammelten Griechen beschlossen, dass «jedes hellenische Gemeinwesen, das sich den Persern ohne Kampf und ohne durch eine Niederlage gezwungen zu sein, ergibt, als Buße an den Gott in Delphi den Zehnten zu entrichten hat». Hinter dieser Formulierung verbarg sich eine Drohung von großer Härte, denn sie bedeutete nichts anderes als die Auslöschung der betroffenen Städte. Sie sollten zerstört, ihre Einwohner in die Sklaverei verkauft und ein Zehntel des Erlöses an Delphi gezahlt werden.

Doch die Bundesgenossen beschlossen auch die Beendigung aller Fehden und einen allgemeinen Landfrieden, vor allem der Streit zwischen Athen und Aigina sollte zumindest vorübergehend beigelegt werden: Ganz Hellas müsse sich zum gemeinsamen Handeln entschließen, denn alle Hellenen ohne Unterschied seien bedroht. Nach Sardes wurden Kundschafter geschickt. Boten gingen nach Argos, Kreta, Kerkyra und zum Tyrannen Gelon nach Sizilien, um weitere Verbündete zu gewinnen. Für die Griechen war Hellas das von Griechen bewohnte Gebiet vom Schwarzen Meer und der kleinasiatischen Küste bis nach Sizilien und Süditalien.

Alle Aufforderungen zum gemeinsamen Kampf der Griechen blieben aber vergebens, zu groß war die Furcht vor den Persern, zu klein der Wille zur Zusammenarbeit. Die Argiver, Rivalen Spartas auf der Peloponnes, sahen eine Chance, sich nun besser gegen die Nachbarstadt zu behaupten, und schlossen einen Vertrag mit dem Großkönig, der offenkundig Kenntnis von dieser Rivalität hatte und sie für seine Zwecke zu nutzen verstand. Die Argiver bewahrten eine sozusagen propersische Neutralität und kaschierten dieses in griechischen Augen unrühmliche Verhalten später mit der vielleicht nicht ganz falschen Behauptung, die Spartaner hätten sie nicht als gleichberechtigte Bundesgenossen anerkennen wollen.

In Sizilien stand Gelon vor anderen Problemen. Einer auf den Historiker Ephoros zurückgehenden (umstrittenen) Überlieferung zufolge hatte Xerxes 481 auf Vermittlung der Phöniker ein Bündnis mit den Karthagern geschlossen, um die Griechen gleichsam in einer Zangenbewegung von Osten und Westen anzugreifen. Die Karthager sollten dabei mit einer starken Flotte gegen Sizilien und, einen Sieg vorausgesetzt, dann zur Peloponnes segeln. Sicher ist in jedem Fall, dass 480 die Karthager tatsächlich mit einem großen Heer in Sizilien landeten – nach Herodot fand die Schlacht gegen die sizilischen Griechen am selben Tag wie diejenige von Salamis statt –, Gelon also keinen Handlungsspielraum besaß. Seine großmundige Erklärung, 200 Trieren und 20 000 Hopliten ins Mutterland zu entsenden, wurde denn auch gleich von der unerfüllbaren Forderung nach dem Oberbefehl konterkariert.

Die Kreter beriefen sich auf einen ungünstigen Spruch der Pythia in Delphi, dem sie vielleicht mit Spenden nachgeholfen hatten, und die Kerkyreer verhielten sich hinhaltend. Sie erklärten spontan ihre Bereitschaft zur Hilfe: Sie würden es keinesfalls dulden, dass Griechenland zugrunde ginge, behaupteten sie, schickten auch 60 Trieren ab, «parkten» sie dann aber nur an der südwestlichen Peloponnes, um dort den Ausgang der Schlacht abzuwarten und sich dann dem Sieger anzudienen.

Die Mauern Athens

Für Herodot hing schließlich die Entscheidung über Krieg und Frieden, Sieg oder Niederlage, Freiheit oder Unterwerfung vom Verhalten Athens ab. Die Athener konnten sich nicht wie die Peloponnesier hinter den befestigten Isthmos zurückziehen, ihre Stadt war dem Angriff des Xerxes am frühesten und am stärksten ausgesetzt. Zum Kampf blieb ihnen nur die Alternative: Auswanderung oder Kapitulation. Dass sie auf beides verzichteten, machte sie in den Augen Herodots zu den Rettern von Griechenland, und er beweist die Richtigkeit seiner Meinung mit einer Analyse besonderer Art. Das, was heute *virtuelle Geschichte* genannt wird, findet sich in klassischer Ausprägung bereits beim ersten Historiker Europas: «Ich muss daher offen meine Meinung sagen und darf die Wahrheit nicht verschweigen, so unangenehm sie den meisten hellenischen Städten klingen mag: Hätte auch Athen den Angreifer gefürchtet, hätten die Athener ihre Stadt verlassen oder hätten sie sich samt ihrer Stadt dem Xerxes ergeben, so hätte kein Hellene gewagt, dem König zur See entgegenzutreten. Und hätte Xerxes zur See keinen Gegner gefunden, so wären die Dinge zu Lande folgendermaßen gegangen. Die Peloponnesier konnten so viele Mauerzinnen, wie sie wollten, auf dem Isthmos errichten, die Lakedaimonier wären trotzdem von allen Bundesgenossen, Stadt um Stadt, im Stich gelassen worden, nicht aus freien Stücken, sondern aus Not, denn die persische Flotte hätte eine Stadt nach der anderen genommen. Und von allen verlassen, wären sie dann den Heldentod gestorben. Vielleicht hätten sie sich auch mit Xerxes verständigt, nachdem sie den Abfall aller anderen hellenischen Städte gesehen. In beiden Fällen wäre jedenfalls Hellas unter das persische Joch gekommen; denn ich kann nicht einsehen, welchen Nutzen die Mauer über den Isthmos haben sollte, wenn der König das Meer beherrschte. Daher ist es nur die reine Wahrheit, wenn man die Athener die Retter von Hellas nennt.» (Hdt. 7.139)

Athens Situation komplizierten 481 insbesondere die defätistischen Orakel aus Delphi. Ein erster Spruch der Pythia, der mit den Worten begann: «Elende, was sitzt ihr hier noch. An das Ende der Welt flieht!», war so entmutigend, dass die offizielle Delegation nicht wagte, ihn zu Hause zu melden. Als Bittende, mit Ölzweigen geschmückt, kehrten die athenischen Gesandten in den Tempel zurück und erhielten ein zweites, günstigeres

Orakel. Dieses war für verschiedene Auslegungen offen, vermuten lässt sich, dass die überlieferte Fassung ihren letzten Wortlaut erst nach dem Krieg erhielt. Der entscheidende Satz bei Herodot lautet: «Nur die hölzerne Mauer schenkt Zeus seiner Tritogeneia (Beiname der Athene), sie allein bleibt heil zur Rettung für dich und die Kinder.»

Die Schlussfolgerungen, die die Athener aus dem Orakel zogen, waren unterschiedlich. Die einen folgerten, dass die von einem Palisadenzaun umgebene Akropolis gehalten werden könne, die Mehrheit, darunter vor allem Themistokles, erklärte die hölzernen Mauern metonymisch: Mit ihnen sei die Flotte gemeint. Die Deutung lag nahe, denn seit zwei Jahren rüstete Athen mit allen Kräften zur See, und so setzte sich diese Meinung auch durch. Die Warnung der professionellen Orakeldeuter, aus Attika auszuwandern, wurde verworfen. Athen entschloss sich zu einer Verteidigung auf dem Meer.

Die Themistokles-Inschrift von Troizen

Im Frühjahr 480 trafen sich die Verbündeten wieder auf dem Isthmos. Gesandte waren aus Thessalien gekommen, wo sich Widerstand gegen die perserfreundliche Politik der Aleuaden bildete. Sie baten den Hellenischen Bund um Hilfe gegen den anrückenden Xerxes, und jener beschloss, noch ohne klares Konzept, 10 000 Hopliten per Schiff zu entsenden, um die Pässe am Olymp zu sichern. Sie bezogen im Tempetal Stellung. Doch dieses konnte umgangen werden. So blieben die Hopliten nur wenige Tage dort, bevor sie den Rückzug antraten. Der Perserkönig war gerade erst auf europäischem Boden angelangt, als die Griechen den ersten Fehlschlag zu verzeichnen hatten. Die Thessalier schlossen sich – sie hatten ohnehin keine andere Wahl – den Persern an, die Abwehrlinie wurde nach Mittelgriechenland zurückverlegt. Die Verteidiger hofften, den wesentlich engeren Pass an den Thermopylen halten zu können, gleichzeitig sollte auf ungefähr derselben Höhe, beim Kap Artemision, zwischen dem Festland und der Nordspitze Euboias, die griechische Flotte Posten beziehen. Um der Athener willen wurde zunächst darauf verzichtet, sich auf die Sperrung des Isthmos zu beschränken, da dies die kampflose Preisgabe Attikas bedeutet hätte. Die Verbündeten einigten sich darauf, Athen zu schützen. So schildert es Herodot, und so war es glaubhaft, bis im Jahre 1959 in Troizen, einem Ort der Nordpeloponnes, der athenische Flüchtlinge aufgenommen hatte, eine große Inschrift gefunden wurde. Sie löste eine nun fünfzigjährige Diskussion aus, die immer noch nicht abgeschlossen ist.

Die ungewöhnlich gut erhaltene Inschrift zeichnet einen auf Antrag des Themistokles gefassten Beschluss der Volksversammlung auf und wäre, Authentizität vorausgesetzt, ein singuläres Dokument zu den Perserkriegen. Indes verraten Buchstabenform und -größe bereits, dass sie nicht im 5. Jahrhundert, sondern frühestens am Ende des 4. Jahrhunderts v. Chr. in den Marmor gemeißelt wurde. Deutlich ist in jedem Fall, dass die Inschrift trotz einiger archaischer Wendungen nicht die originale Formulierung bieten kann. Offenkundig ist auch spätere athenische Propaganda eingeflossen. Anlass der Aufstellung war offenbar ein Ereignis, das die Troizener dazu brachte, ihre langjährigen guten Beziehungen zu Athen zu betonen. Zu diesem Zweck wurde eine in einer Sammlung erhaltene Urkunde in Stein übertragen. Das würde die im Text erhaltenen Modernismen ebenso wie kleinere Anachronismen erklären. Was am entschiedensten von den Kritikern der Echtheit angeführt wird, ist aber genau das, was die Inschrift interessant macht, nämlich der Widerspruch zu Herodot. Dabei geht es weniger um differierende Angaben zur genauen Größe der Flottenkontingente, sondern um einen fundamentalen Unterschied in der Strategie. Herodot behauptet, die Athener hätten, von der Entwicklung überrascht, erst nach dem Gefecht von Artemision die Räumung ihrer Stadt beschlossen. Sie hätten nämlich die gesamte peloponnesische Streitmacht in Mittelgriechenland erwartet und nicht gewusst, dass die Spartaner auf die Isthmos-Verteidigung setzten und das Land außerhalb der Peloponnes dem Feind preisgeben wollten. Dies kollidiert mit dem Wortlaut der Inschrift, derzufolge die Evakuierung bereits vor den Schlachten an den Thermopylen und bei Artemision beschlossen worden war: «Themistokles, der

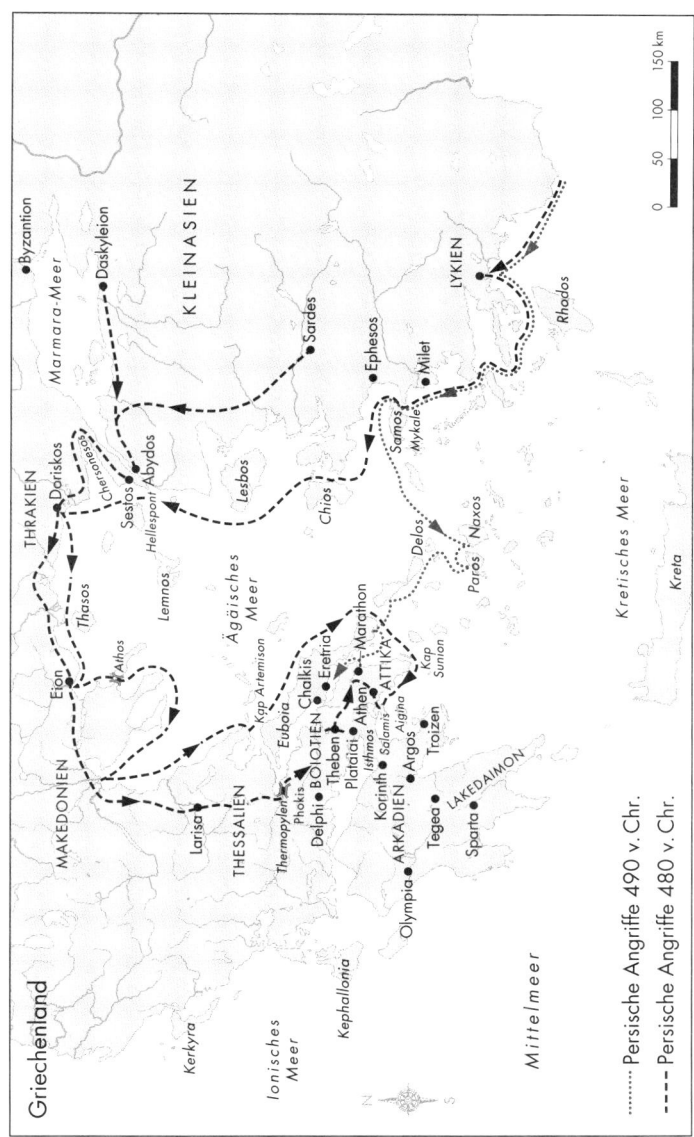

Sohn des Neokles, von der Gemeinde (dem Demos) der Phrear-
rier, stellte den Antrag: Die Stadt solle man der über Athen wal-
tenden Athena und allen anderen Göttern anvertrauen, sie zu
beschützen und den Barbaren vom Lande abzuwehren. Die
Athener selbst sowie die in Athen wohnenden Fremden sollen
ihre Kinder und Frauen nach Troizen übersetzen ... die Greise
und ihren Besitz sollen sie auf Salamis bringen. Die Schatzmeister und die Priesterinnen sollen in der Akropolis bleiben und die
Götterheiligtümer bewachen. Alle übrigen Athener sowie die im
Mannesalter befindlichen Fremden sollen auf die fertiggestellten zweihundert Schiffe gehen und sich zusammen mit den
Lakedaimoniern, den Korinthern und den Aigineten sowie den
anderen, die sich an dem gefahrvollen Unternehmen beteiligen
wollen, gegen den Barbaren für die eigene Freiheit und die der
anderen Griechen zur Wehr setzen. ... Und wenn die Schiffe be-
mannt worden sind, soll man mit hundert von ihnen das euboische Artemision verteidigen und mit den anderen hundert
bei Salamis und dem übrigen Attika vor Anker liegen und das
Land bewachen.» (HGIÜ I 35)

Herodots Version behaftet die Spartaner mit dem Makel der
Unzuverlässigkeit. Das passt gut in die Zeit der Entstehung und
Veröffentlichung des Werkes, in der Griechenland bereits vom
Propagandakampf der beiden großen Mächte geprägt war, und
wenn der Historiker auch kein dezidierter Gegner Spartas war,
so war er doch ein ausdrücklicher Freund Athens. Für die Inschrift spricht zudem, dass Athen auch mit einer Niederlage der
Landtruppen an den Thermopylen rechnen musste und eine erst
nach dem Durchbruch der Perser eingeleitete Räumung vielleicht zu spät gekommen wäre. Schließlich kann gerade auch
der Widerspruch beider Zeugnisse eher Beweis für die Authentizität als die Unechtheit der Inschrift sein, denn ein Fälscher
stellt sich allenfalls aus Unwissen gegen die allgemein bekannte
Überlieferung.

Nach Artemision wurde nahezu die komplette griechische
Flotte geschickt, nach Herodot 280 Trieren und Penteren. Demgegenüber standen an den Thermopylen, dem Siegesepigramm
zufolge, zunächst nur 4000 Peloponnesier. Das ist eine ver-

schwindend geringe Zahl gegenüber dem Aufgebot in der späteren Schlacht von Plataiai. Allerdings ist zu berücksichtigen, dass 480 gleichzeitig die Flotte im Einsatz war, mithin beispielsweise die Athener im Landheer fehlten. Zudem berichtet Herodot, dass die Lakedaimonier mit den 300 Spartanern des Leonidas und 1000 Periöken nur ein Vorauskommando entsandt hatten, um die anderen Bundesgenossen von ihrem guten Willen zu überzeugen. Das gesamte restliche Heer sollte sofort nach Abschluss des Festes der Karneen, während dessen eine unbedingte Waffenruhe einzuhalten war, folgen. Das führte offenbar zu Misstrauen zwischen den Verbündeten auf der Peloponnes und in Mittelgriechenland und nährte den Verdacht, die Peloponnesier wollten sich letztlich mit der Verteidigung des Isthmos begnügen.

Wahrscheinlich suchten die Griechen mit dem nach dem Rückzug aus Thessalien beschlossenen strategischen Konzept den vermuteten Kräfteverhältnissen Rechnung zu tragen. Die Verbündeten wollten sich zu Lande mit der Defensive begnügen und eine Entscheidung mit der als stärker eingeschätzten Flotte suchen. Erste Aufgabe des Leonidas wäre es demnach gewesen, den Pass bis zum Eintreffen des Hauptkontingentes der Spartaner zu halten. Mit diesem schien dann auch eine langfristige Verteidigung der Thermopylen möglich. Die Inschrift von Troizen widerspricht dieser Strategie nicht. Zwar wird darin eine Teilung der athenischen Flotte vorausgesetzt, doch war die Evakuierung nur eine zeitlich begrenzte Aufgabe. Nach ihrem Abschluss konnten die dafür vorgesehenen 100 Trieren nach Artemision aufbrechen.

Die Thermopylen

Als Herodot seine Darstellung der Schlachten an den Thermopylen und bei Artemision schrieb, hatte sich die mündliche Überlieferung schon verfestigt. Sie wurde von Athen und Sparta geprägt, die Sieger der Perserkriege bestimmten auch deren historische Interpretation. Eine solche, auf Selbstdarstellung angelegte Überlieferung ließ zwangsläufig Lücken, die Herodot mit seinen Nachforschungen nicht zu schließen vermochte. Sein Bericht von der Doppelschlacht enthält daher Ungereimtheiten, die sich heute nur mit Spekulationen ausräumen lassen. Zudem werden die Ereignisse in zwei Erzählblöcken abgehandelt, so dass ihr Zusammenhang nicht bis in die Einzelheiten deutlich wird.

Die Gegner

Etwa Anfang August, elf Tage nach dem Aufbruch des Landheeres unter Xerxes, war die persische Flotte von Therme (Thessaloniki) aus nach Süden abgesegelt. Ein Vorauskommando von zehn Schiffen steuerte die Insel Skiathos an. Die griechischen Vorposten meldeten von dort offenbar bereits die Ankunft der gesamten persischen Flotte, denn die griechische Flotte zog sich überstürzt von Artemision zum euboiischen Chalkis zurück, um, wie es hieß, den Euripos zu decken. Für das persische Hauptkontingent war somit der Weg frei; es fuhr zum Vorgebirge von Sepias im Südosten der thessalischen Halbinsel Magnesia und ankerte an der nordwärts gelegenen Küste. Der ungünstige Ankerplatz bot keinen Schutz vor Stürmen, und so erlebte die persische Flotte ihre erste Katastrophe, bevor sie auf einen Gegner traf. Drei Tage lang wütete ein Nordoststurm, der die Schiffe, soweit sie nicht an Land gezogen waren, weit in Richtung des Peliongebirges abtrieb, auf den Strand warf oder an den Klippen des Vorgebirges zerschellen ließ. Herodots Berichterstatter wollen 400 zerstörte Kriegsschiffe, dazu eine nur zu schätzende Anzahl gesunkener Versorgungsschiffe und Lastkähne, gezählt haben.

Die Athener reklamierten später auch diesen unvorhergesehenen Erfolg für sich. Boreas, der Nordwind, sei ihr Verwandter, da er eine Tochter des attischen Königs Erechtheus geheiratet hatte. Die übrigen Griechen dankten Poseidon und kehrten sichtlich ermutigt von Chalkis nach Artemision zurück, während die immer noch numerisch überlegene persische Flotte, um vor möglichen weiteren Stürmen geschützt zu sein, zunächst zum Golf von Pagasai fuhr und nahe der Einfahrt in Aphetai vor Anker ging.

Xerxes war inzwischen mit dem Landheer über Thessalien und Achaia ins Gebiet der Malier vorgerückt, wo er seit drei Tagen bei Trachis vor den Thermopylen lagerte. Das griechische Heer hatte unter der Führung des Leonidas im Engpass hinter einer verfallenen, damals aber wiederhergestellten Mauer Aufstellung genommen. Es zählte ca. 4000 Peloponnesier, weiterhin 1100 Boiotier. Kurzfristig waren noch die Lokrer und 1000 Phoker aus Mittelgriechenland dazugestoßen. Über die Ziele dieses Kontingents von vielleicht 7000 Mann lässt sich zunächst nur wiederholen, was Herodot berichtet. Peloponnesier und Boiotier waren demnach nur die Vorhut, und Lokrer sowie Phoker hatten sich auch nur unter der Maßgabe angeschlossen, das eigentliche Bundesgenossenheer werde noch folgen. Tatsächlich begann auch, als dieses ausblieb und Xerxes sich näherte, sogleich die Diskussion über einen vorzeitigen Abzug. Die Peloponnesier, ausgenommen die Spartaner, stimmten dafür, ebenso die Phoker und Lokrer; die Thebaner waren ohnehin nur wider Willen mitgezogen. Nur der Autorität des Spartanerkönigs und seinem Versprechen, Boten zu schicken, um Hilfe zu erbitten, war es zu danken, dass sich das Heer nicht frühzeitig auflöste.

Die Verteidigung der Thermopylen

Xerxes ging nicht sofort zum Angriff über, auch war die Flotte noch nicht eingetroffen. Der Großkönig schickte Kundschafter vor und wartete dann vier Tage ab. Vielleicht wollte er seinem Heer eine Ruhepause gönnen und hoffte überdies darauf, dass das kleine griechische Kontingent den Rückzug antrat. Offenbar hatte ihn die Fernaufklärung unterrichtet, dass keinerlei Verstärkung für die Verteidiger unterwegs war. Erst am fünften Tag befahl er den Angriff. Die ersten Attacken wurden zurückgeschlagen, Xerxes setzte seine Garde ein, die sogenannten Unsterblichen. Auch sie scheiterten in der Enge des etwa 20 bis 30 Meter schmalen Passes, in der die zahlenmäßige Überlegenheit nicht zur Geltung kam. Auch der zweite Tag brachte kein Ergebnis. Um die schnelle Wende am dritten Tag zu erklären, bringt Herodot einen Verräter ins Spiel. Das lenkt von militärischen Fehlern der Griechen ab und gibt der Niederlage einen tragischen Anstrich. Ein Mann aus Malis namens Ephialtes soll Xerxes gegen eine hohe Belohnung einen Umgehungspfad gezeigt haben, auf dem die Perser in den Rücken der Verteidiger gelangten. Die delphische Amphiktyonie, die ihre eigenen Erfahrungen in der Kollaboration mit den Persern besaß, setzte später einen hohen Preis auf den Flüchtigen aus, der schließlich nach der Rückkehr in die Heimat (aus anderen Gründen) getötet wurde. Die Existenz des Pfades war freilich bekannt, und Leonidas hatte die Phoker abgeordnet, ihn zu decken. Diese aber bemerkten den nächtlichen Anstieg einer persischen Abteilung von geschätzten 10 000 Mann nicht und wurden bei Tagesanbruch von den Feinden auf der Passhöhe überrascht. Sie flohen vor den Bogenschützen, und somit stand für die Perser der Weg ins Tal offen. Die ungenügende Deckung des Umgehungspfades und die Nachlässigkeit der Wachen haben die Niederlage wohl nicht herbeigeführt, aber doch beschleunigt.

Noch in der Nacht seien Überläufer aufgebrochen, um die Griechen zu warnen, berichtet Herodot. Am Morgen jedenfalls waren sie sich ihrer Lage bewusst, ein eilig einberufener Rat brachte keine Einigkeit. Die große Mehrheit der Verteidiger

beschloss abzuziehen, bevor sich die Falle schloss. Das war
Befehlsverweigerung, und so bietet Herodot noch eine zweite
Version, die für alle, auch die Spartaner, angenehmer war. Ihr
zufolge hätte Leonidas das Gros der Truppen entlassen, weil
sein Vertrauen in ihre Kampfkraft gering war. So bleibt die Frage,
warum er ausharrte. Herodot bietet zwei Antworten. Zum
einen führt er ein (wohl post eventum erfundenes) Orakel an,
demzufolge entweder einer der Könige fallen müsse oder Sparta
zerstört werde. Zum anderen lässt er Leonidas selbst sagen, er
betrachte den Rückzug als unehrenhaft. Spartas Macht werde
durch seinen und den Tod der Dreihundert nicht geschwächt.
So seien, schreibt Herodot, weil die Spartaner den Ruhm nicht
teilen wollten, die anderen Bundesgenossen weggeschickt worden. Neben den Spartanern blieben auch das Heer der 700 Thespier sowie – als Geiseln – die 400 Thebaner, die sich bald den
Persern ergaben.

Xerxes wartete den Vormittag ab, um der Umgehungsabtei-
lung genügend Zeit einzuräumen, und begann dann den Angriff. Leonidas zog ihm über die Mauer hinaus entgegen und
war einer der Ersten, der im Kampf fiel. Herodot berichtet:
«Jetzt kam es außerhalb des Passes zum Handgemenge, und es
fiel eine große Menge der Barbaren. Hinter den Reihen standen
die Führer mit Peitschen in den Händen und trieben die Leute
Mann für Mann durch Geißelhiebe vorwärts. Viele gerieten
auch ins Meer und ertranken, weit mehr aber wurden von den
Ihrigen zertreten. Niemand kümmerte sich um die Sterbenden.
Die Griechen wussten ja, dass ihnen durch die über die Berge
Kommenden der Tod gewiss war; so warfen sie sich mit ihrer
ganzen Kraft auf die Barbaren und hieben in blinder Wut um
sich. Schon waren den meisten ihre Speere zerbrochen; da griffen sie die Perser mit dem Schwerte an. Und in dem Ringen fiel
Leonidas als Held.» (Hdt. 7.223)

Die Überlebenden bargen in schweren Kämpfen den Leich-
nam ihres Königs und zogen sich schließlich auf einen Hügel zurück. Persische Bogenschützen töteten sie. Auf dem Kampfplatz
wurde wenig später ein steinerner Löwe aufgestellt. Herodot
selbst sah ihn und notierte sich die Inschriften, die er noch vor-

fand. Eine für die Gefallenen des Gesamtheeres, eine für den Seher Megistias und eine eigene für die Spartaner. Eine Erinnerung an die 700 Gefallenen aus der Stadt Thespiai fehlte auffälligerweise.

Die Schlacht fand laut Herodot im Hochsommer statt. Der Auszug des Leonidas zu den Thermopylen fiel auf die Karneen, das spartanische Nationalfest des Apollon Karneios, gleichzeitig wurde das Olympische Fest gefeiert. Als die Nachrichten von der Niederlage die Peloponnes erreichten, waren Karneen und Olympische Spiele bereits vorüber. Da sie im Hochsommer und zur Zeit des Vollmondes veranstaltet wurden, bieten sich nur die Tage um den 21. Juli oder den 19. August an. Athen sollte Ende August, Anfang September fallen, so dass das spätere Datum das wahrscheinliche ist.

Das Seegefecht von Artemision

Herodot zufolge wurde an denselben drei Tagen an den Thermopylen und vor Artemision gekämpft, also am 18., 19. und 20. Tag nach dem Aufbruch der Perser von Therme. Zur See waren es die Griechen, die zunächst zum Angriff übergingen. Zuvor hatten die Perser ein Flottendetachement um die Insel Skiathos herum zur Südspitze Euboias entsandt, um den Griechen den Rückzug durch den Euripos zu versperren. Diese Maßnahme wurde des Öfteren bezweifelt, zumal ein Sturm den Plan vereitelte, doch liegt sie in der Logik der Seekriegsführung. Unglaubhaft sind lediglich die von Herodot genannten, stets übertriebenen Schiffszahlen.

Das erste Seegefecht vor Artemision endete unentschieden. Bei Einbruch der Nacht zogen sich die Schiffe zu ihren Ankerplätzen zurück. Ein anschauliches Bild der Lage gibt Herodot. Die ganze Nacht hindurch sei starker Regen gefallen: Dumpfe Donnerschläge tönten vom Gebirge des Pelion herab, Leichname und Schiffstrümmer trieben nach Aphetai ab, drängten sich um die Schiffsschnäbel und schlugen an die Ruderblätter.

Am zweiten Tag erhöhten sich die Verluste auf beiden Seiten, ohne dass eine Entscheidung fiel. Die Griechen waren Herren

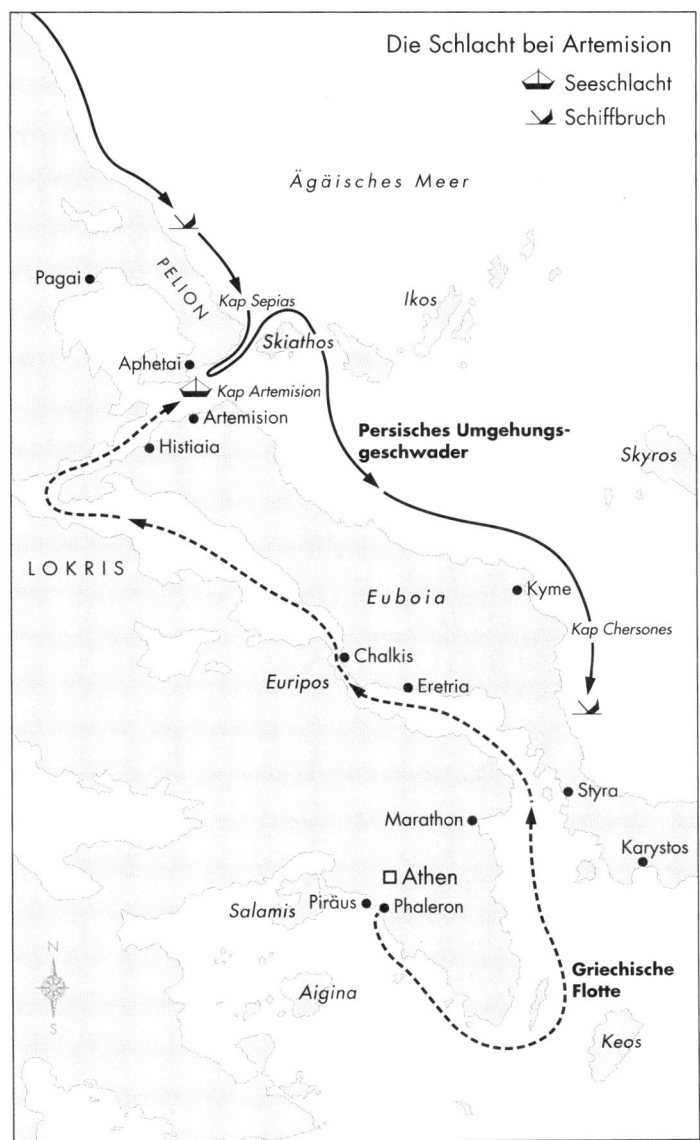

Die Schlacht bei Artemision

Seeschlacht
Schiffbruch

Ägäisches Meer

Pagai

PELION

Kap Sepias

Ikos

Skiathos

Aphetai

Kap Artemision

Artemision

Histiaia

Persisches Umgehungs-geschwader

Skyros

LOKRIS

Euboia

Kyme

Kap Chersones

Chalkis

Euripos

Eretria

Marathon

Styra

□ Athen

Karystos

Salamis Piräus Phaleron

N

Griechische Flotte

Aigina

Keos

der Leichen und der Wrackteile, schreibt Herodot. Da die Hälfte
der athenischen Schiffe beschädigt war, entschloss sich die griechische Führung zum Rückzug. Wenig später kam auch eine Triere vom Festland und überbrachte die Kunde von der Niederlage
des Leonidas. Das beschleunigte das Vorhaben, und die griechischen Schiffe segelten ohne weitere Verzögerung ab; die Perser hatten zu Wasser und zu Land den Durchbruch nach Mittelgriechenland erzwungen, Athen war nun nicht mehr zu retten.

Bei Herodot erscheint das als Überraschung, doch war es
keine. Mit der Niederlage an den Thermopylen musste gerechnet werden, und so gab es für die Fortsetzung des Seekrieges
Pläne, in denen das einkalkuliert war. Der Rückzug von Artemision wurde denn auch bereits beschlossen, bevor Nachrichten von den Thermopylen eintrafen. Die dortige Schlacht hatte
keine kriegsentscheidende Bedeutung, wohl aber eine psychologische – und später auch eine propagandistische, die den Spartanern mehr nutzte als jeder Sieg. An einer genauen Erkundung
der Motive und des Verhaltens des Leonidas hatten sie daher
später wenig Interesse. Die Legende vom heldenhaften Tod, die
im berühmten Epigramm des Simonides ihren prägnanten Ausdruck fand, kam ihnen entgegen: «Wanderer, kommst du nach
Sparta, verkündige dorten, du habest uns hier liegen gesehn,
wie das Gesetz es befahl.»

Die Gründe des Leonidas

Der Opfertod des Leonidas und seiner Dreihundert hat das Bild
der Spartaner geprägt und diente unterschiedlichsten Zeiten
und Zielen als Exemplum von Pflichterfüllung und Treue. Damit war notwendig die Frage nach rationalen Beweggründen
verknüpft. Heldentum aus bloßer Dummheit war kein Vorbild.
Der Althistoriker Karl Julius Beloch notierte, einen Vorteil habe
die Katastrophe an den Thermopylen der griechischen Sache
immerhin gebracht, sie habe das Bundesheer von einem unfä-
higen Feldherrn befreit.

Wie alle anderen Aussagen über Leonidas beruht auch diese
Aussage nicht auf Kenntnis der militärischen Lage, denn über

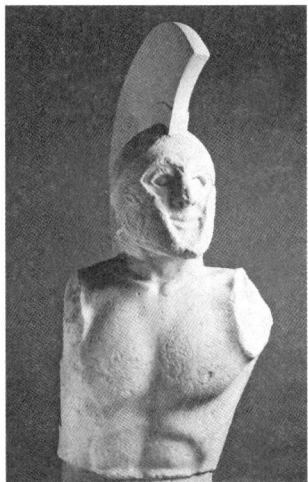

Abb. 6: Sogenannter Leonidas;
in Sparta gefundene Hopliten-
statue aus der Zeit der
Perserkriege

Herodot hinaus ist alles Spekulation. Niemand kennt die genaue Situation, und vor allem weiß niemand, wie Leonidas sie beurteilte. Nur dies aber würde helfen, seine Entscheidung zu verstehen, und nicht, was moderne Strategen für militärisch geboten erachteten. Sicher scheint, dass Leonidas mit den wenigen Truppen nur begrenzte Zeit Widerstand leisten konnte. Zwar hatte er diese selbst nur als Vorhut bezeichnet, doch mag dies ebenso wie die Bitte um Verstärkung nur ein Versuch gewesen sein, die Verbündeten zu beschwichtigen. Sparta jedenfalls machte auch nach Ende der Karneen keine Anstalten, mit einer größeren Streitmacht über den Isthmos hinaus nach Norden auszurücken. So bleibt die Frage, warum Leonidas nicht mit dem Gros der anderen Verteidiger abzog.

Als rationale Erklärung bietet sich an, der Spartanerkönig habe den Rückzug der Peloponnesier, Phoker und Lokrer decken wollen. Die Perser besaßen eine effektive Reiterei. Irrig ist das häufig vorgebrachte Argument, der König habe den Engpass halten müssen, bis das letzte griechische Schiff den schmalen Sund von Chalkis passiert hatte. Als die griechische Flotte den Rückzug antrat, war die Schlacht schon verloren. Im Wortsinn als abwegig erweist sich ein neuerer Versuch, die Thermopylen zu einem Nebenpass zu degradieren, durch den Xerxes die Hauptmasse seines Heeres gar nicht zu führen beabsichtigte. Ungeklärt ist immer noch, ob nicht die eigenen Bundesgenossen durch einen ungeordneten und nicht gebilligten Rückzug die Spartaner und Thespier erst in die prekäre Situation brachten, aus der sie sich nicht mehr befreien konnten. Vielleicht verhinderte den Rückzug aber auch ein anderer Umstand. Leonidas fiel als einer der Ersten, die überlebenden Spartaner mussten – das wäre nun ein anderer Sinn des Grabepigramms – ihren toten König vor dem Rückzug bergen. Sie taten das in schweren Kämpfen, während derer das persische Umgehungskommando den Weg nach Süden versperrte.

Da das Opfer zumindest militärisch sinnlos war, wurde das Verhalten des Leonidas auch mit innenpolitischen Gründen, etwa mit den Spannungen zwischen Ephorat – einem spartanischen Kontrollgremium – und Königtum, erklärt. Andere vermuteten einen Durchhaltebefehl eines der das Heer begleitenden Ephoren. Herodot spricht von Ehre, doch das Epigramm des Simonides lässt auch einen Fall von Kadavergehorsam denkbar erscheinen.

Abb. 7: Jacques-Louis David, Léonidas aux Thermopyles, 1814 (Ausschnitt)

Was Leonidas im Leben nicht gelang – nämlich seiner militärischen Aktion Sinn und Nutzen zu verleihen –, das besorgte sein Tod, ob gewollt oder nicht. Er stellte das angeschlagene, für den gemeinsamen Sieg aber notwendige Vertrauen zwischen den Hauptverbündeten wieder her. Ein vorzeitiger Abzug hätte dem Verdacht der Athener neue Nahrung gegeben, die Peloponnesier seien nicht gewillt, sie zu verteidigen, und hätten sich untereinander auf eine bloße Sperrung des Isthmos verständigt. Zudem bestätigte sich der Mythos von den bis zum Tod kämpfenden spartanischen Hopliten. Das ersparte ihnen später wohl manche Schlacht.

Salamis

Delphi und Athen

In Mittelgriechenland waren die Phoker die Einzigen, die nicht auf die Seite des Großkönigs gewechselt waren. Herodot erklärt dies nicht mit Patriotismus, sondern mit dem Verhalten der den Phokern verhassten Thessalier. Da diese propersisch orientiert waren, nahmen die Phoker eben die gegenteilige Haltung an. Die Perser durchzogen die Phokis und zerstörten unter kundiger Führung der Thessalier das Land, zündeten Heiligtümer an und verbrannten die evakuierten Städte. Die Bewohner hatten sich teilweise auf die Hänge des Parnass geflüchtet, teilweise nach Westen in die Stadt Amphissa gerettet. Bei Panopeus teilten sich die persischen Truppen. Eine Abteilung wurde nach Delphi abgeordnet, die Hauptstreitmacht zog an Chaironeia vorbei nach Boiotien. Das erste Detachement sollte offenbar weiter an den Golf von Patras ziehen und von dort entlang der Küste zum Isthmos, während Xerxes selbst mit seinen Truppen die Griechen in Boiotien so lange zu binden hoffte, bis jene Abteilung den Isthmos erreichte. Herodot beschränkt allerdings den Auftrag auf die Besetzung von Delphi. Die Bewohner des Ortes flohen, sie waren sich nicht im Klaren über das Verhalten der Perser. Es kam jedoch nicht zu Plünderungen oder Zerstörungen. Um den Eindruck einer bewussten Schonung durch Xerxes zu verwischen, erfanden die Priester ein Wunder. Offenbar war es Apollon persönlich, der die Angreifer zurückschlug. Gerade als sie den Tempel der Athena Pronaia betreten wollten, zuckten Blitze vom Himmel, vom Gipfel des Parnass brachen Felsen los und begruben einige Perser, aus dem menschenleeren Tempel selbst erklangen Stimmen und Kriegsrufe. Die Überlebenden flohen, von übermenschlich großen Kriegern verfolgt, nach Boiotien. Wie auch immer der Ablauf war, Xerxes hatte kein Interesse an einer Zerstörung des Heiligtums. Sie passte nicht in die gegen Athen gerichtete Racheideologie und hätte zudem einen unnötigen Affront gegen die griechischen Verbündeten bedeutet. Zudem war Delphi keineswegs ein Hort hellenisch-nationalen Widerstandes gewesen.

Inzwischen ging die Evakuierung Athens weiter. Anders als Herodot will, hatte sie sicherlich schon vor der Nachricht von der Niederlage bei den Thermopylen begonnen. Die von Artemision zurückkehrenden Schiffe halfen beim Transport nach Troizen, Aigina und Salamis. Dort sammelte sich inzwischen die griechische Flotte. Verstärkungen konnten die Verluste ausgleichen, insgesamt lagen nun 385 Kriegsschiffe bereit. Gleichzeitig zogen aus den meisten peloponnesischen Städten Aufgebote zum Isthmos. Die Durchgangsstraße wurde unpassierbar gemacht, in Eile eine Mauer aus Ziegeln, Steinen, Balken und Sand quer über die Landenge errichtet.

Als die Perser in Attika eintrafen, war Athen geräumt. Die Flucht aus der Stadt verlief geordnet, dennoch bedeutete sie für viele Athener, die, so erzählt jedenfalls Plutarch, ihre Heimat nicht mehr wiederzusehen glaubten, eine Tragödie. Auf der Akropolis harrte eine Besatzung aus. Herodot spricht nur von Tempelhütern und Armen, welche, angeblich ohne Mittel für die Flucht, die Evakuierung verpasst hatten oder darauf vertrauten, dass mit den hölzernen Mauern der Pythia tatsächlich die Umfassung des Burgbergs gemeint gewesen sei. Die Verteidigung war jedenfalls organisiert und scheiterte erst, als einige Belagerer an einer besonders steilen und daher unbewachten Flanke den Felsen und die Mauer erstiegen und in den Rücken der Verteidiger gelangten. Xerxes gab Befehl, Heiligtümer und Tempel niederzubrennen. Zuvor war ein Vermittlungsversuch von Familienangehörigen des Peisistratos, die Xerxes begleiteten, gescheitert. Dies freilich wirft wieder ein wenig Licht auf die politischen Pläne der Perser. Die mitgeführten athenischen Verbannten sollten als neue Regierung installiert werden, ein vom Großkönig angeordnetes Opfer, das sie auf der Akropolis darbrachten, wirkt bereits wie eine Art Inauguration.

Die erste Einnahme Athens ist auch ein Fixpunkt für die Chronologie der Perserkriege. Nach Herodots Zeugnissen fiel

sie in das Jahr des erwähnten Archon Kalliades, der von Juni
480 bis Juni 479 amtierte. Aus Sardes war Xerxes im Frühjahr
aufgebrochen, vier Wochen etwa benötigte er von dort bis zum
Hellespont, dessen Überquerung und der Marsch nach Athen
dauerten laut Herodot vier Monate. Athen wurde somit wohl
Ende August oder Anfang September zerstört. Damit ist das
Jahr 480 als Jahr des Xerxeszuges gesichert, denn im August
479 war die Amtszeit des Kalliades bereits vorüber.

Vor der Schlacht

Die Nachricht vom Fall der Akropolis kam nicht überraschend
und rief doch Panik in der Flotte hervor. Einige der Schiffsführer
warteten die Beratungen gar nicht ab, eilten zu ihren Trieren
und hissten die Segel, um vorzeitig abzufahren. Allgemein brach
wieder ein großer Dissens unter den verbündeten Griechen auf.
Zu verschieden waren die Interessen. Im Feldherrnrat plädierten
die meisten dafür, Salamis aufzugeben und zum Isthmos zu fahren. Hier biete sich die Chance, sich im Falle einer Niederlage zu
den Landtruppen zu retten, Salamis aber würde nach einer Niederlage von den Persern belagert werden. Ein frühzeitiger Aufbruch hätte bedeutet, nicht nur Salamis preiszugeben, sondern
auch Aigina und Megara. Der Flottenkommandant, der Spartaner Eurybiades, schien unschlüssig, beugte sich aber schließlich
nicht der Mehrheit, sondern den besseren Argumenten, und die
sollen von Themistokles vorgebracht worden sein. Ein Rückzug
barg die Gefahr einer Auflösung der Flotte und eines Zerfalls
des Bundes. Auch wäre das bei weitem wichtigste Kontingent,
das der Athener, nicht bereit gewesen, den Kampf fortzusetzen.
Das wäre eine entscheidende Schwächung gewesen. Dazu
kamen vor allem strategische Gründe. Am Isthmos hätte die
Flotte in offenen Gewässern kämpfen müssen, und das galt es
nach den Erfahrungen von Artemision zu vermeiden. Die nume-
rische Unterlegenheit ließ sich am ehesten auf engem Raum ausgleichen. Für die athenischen Verbände spielte in der Nähe der
Heimat überdies das psychologische Moment eine Rolle. Die
Peloponnes müsse vor Salamis verteidigt werden, formulierte

Themistokles, doch sind die genauen Vorgänge im Kriegsrat nicht zu rekonstruieren. Herodot stützte sich zum Teil auf eine athenische Überlieferung, die deutlich feindliche Züge gegenüber der Handelskonkurrentin Korinth aufweist.

Inzwischen war auch die persische Flotte im Hafen von Phaleron eingetroffen. Xerxes hatte die Mannschaften eigens zu einer Besichtigung des Schlachtfelds an den Thermopylen beordert, dann waren die Schiffe nach Histiaia gesegelt, wo sie sich drei Tage aufhielten, bevor sie nach weiteren drei Tagen in Attika ankamen. Der Großkönig hielt eine Beratung ab, ob die Schlacht hier gewagt oder zunächst aufgeschoben werden sollte. Herodot legt die Bedenken gegen einen sofortigen Kampf der Königin Artemisia in den Mund, für die er eine gewisse Bewunderung hegte, da sie aus seiner Heimat stammte und als einzige Frau ein Flottenkontingent führte. Die Griechen würden sich bald von alleine zerstreuen, Salamis sei mit Lebensmitteln unterversorgt; spätestens ein Landangriff auf den Isthmos würde die Peloponnesier zur Abfahrt zwingen. Xerxes verwarf angesichts der fortgeschrittenen Jahreszeit den Rat und erteilte das Kommando zum Aufbruch.

Am Abend erreichte die Flotte Salamis, das Landheer machte sich auf den Weg zum Isthmos. Angst und Schrecken der Griechen gebaren Phantasiebilder. Von Eleusis her wurde in der Thriasischen Ebene eine große Staubwolke gesehen, aufgewirbelt von einer unermesslich großen Schar von Menschen: Gesang wie vom Chor der Mysten im eleusinischen Heiligtum ertönte – der Gott schickte Verbündete in die Schlacht.

See- und Wortgefechte

Von dem großen patriotischen Abwehrkampf, zu dem die Sieger von Salamis später das Geschehen stilisierten, ist bei Herodot zunächst wenig zu lesen. Ganz im Gegenteil, in seiner Darstellung denken die meisten der Griechen vor allem an Flucht. Um diese zu verhindern, soll Themistokles sogar heimlich einen Boten an den Großkönig geschickt haben, durch den er sich als dessen Freund ausgab und ihn aufforderte, die Griechen rasch anzugreifen, bevor sie sich in alle Heimatstädte zerstreuen könnten und ihm, dem Großkönig, der sichere Sieg noch entgehe.

Die Historizität der Botschaft lässt sich bezweifeln, aber offenkundig wurde im Kriegsrat noch gestritten, als die persische Armada bereits heranfuhr. Zum Kampf wäre es demzufolge gekommen, weil die griechische Flotte umzingelt und den Peloponnesiern jeglicher Fluchtweg versperrt war. Auch der Schlachtbeginn war alles andere als heroisch. Nach der ersten der von Herodot überlieferten Versionen wollten die Griechen schon rückwärts rudern und an Land gehen, als eine Schiffskollision sie zwang, der festgefahrenen Triere zu Hilfe zu kommen. Nach einer anderen Version wollten allein die Aigineten den Anfang der Schlacht gemacht haben, und nach einer dritten sei den Griechen eine Frau erschienen, die sie als Feiglinge beschimpfte und aufforderte, die Rückwärtsfahrt zu stoppen.

Über den Schlachtverlauf lässt sich wenig sagen, und das ist auch der Grund, warum so viel darüber geschrieben wurde. Herodot fasst sich ganz kurz, er hatte zu viele Aussagen gehört, die nicht übereinstimmten. Der Augenzeuge Aischylos ist ungenau, er war ja Dramatiker und nicht Historiker. Topographische Hinweise haben sich nur spärlich erhalten, umstritten ist selbst der damalige Verlauf der Küstenlinie, denn der Meeresspiegel könnte inzwischen gestiegen sein. Den besten Überblick besaß jedenfalls Xerxes, der sich auf einem Berg des Festlandes gegenüber von Salamis einen Thron hatte errichten lassen und von dort den Schreibern seine Beobachtungen diktierte.

Im Gefühl ihrer Überlegenheit versuchten die Perser zunächst, den Griechen alle Ausweichmöglichkeiten zu nehmen. Sie besetzten auch die kleine Insel Psyttaleia vor Salamis, um die dort erwarteten Schiffbrüchigen abzufangen. Die Schlacht fand im attischen Monat Boedromion statt – vermutlich, da Xerxes nach der Einnahme Athens eine rasche Entscheidung suchte, Ende September. Am Abend des ersten und einzigen Kampftages war ein Großteil der persischen Schiffe gesunken, zahlreiche Perser ertranken, weil sie nicht schwimmen konnten. Herodot betont die Disziplin der Griechen und macht für die Niederlage der tapfer kämpfenden Perser deren Ordnungslosigkeit verantwortlich. Wer den Athenern entkam, fiel den Aigineten in die Hände, fasst der Historiker zusammen, der den Schlachtbericht aber schließlich mit Gezänk enden lässt. Die Athener warfen (vermutlich eine späte Überlieferung) den Korinthern Feigheit vor – sie hätten sich voller Angst und Schrecken abgesetzt, erst ein von Göttern gesandtes Schiff habe sie wieder zur Umkehr bewogen –, und bei der Abstimmung über denjenigen, der sich am tapfersten verhalten habe, meinte sich jeder Schiffskapitän den Preis selbst zusprechen zu sollen.

Unter den persischen Kommandeuren erwies sich für Xerxes eine Frau, nämlich Artemisia, als die tapferste. Herodot hat Sinn für Komik, und wenn sie einen der großen Gedenktage der Griechen in heiterem Licht erscheinen lassen kann, erzählt er eine solche Geschichte mit besonderer Freude. Sie ist ihm wichtiger als der allgemeine Schlachtbericht, jedenfalls fällt dieser kürzer aus. Artemisia erhielt das Lob des Großkönigs, weil sie auf der Flucht vor einer gegnerischen Triere bewusst ein eigenes Schiff überfahren und in den Grund gebohrt hatte, und zwar mit dem doppelten Nutzen, dass der Verfolger nun ihr Schiff für ein eigenes, der Großkönig das von ihr angegriffene aber für ein fremdes hielt. Zum Glück für Artemisia und zum Ärger der Athener, die auf den Kopf der Königin einen besonderen Preis ausgesetzt hatten, weil eine Frau gegen sie zog, ertranken alle Seeleute des versenkten Schiffes, die den Irrtum hätten berichtigen können.

Rückzug und Diplomatie

Trotz aller Erfolgsmeldungen war der Ausgang der Schlacht von Salamis offenbar zunächst nicht so eindeutig, wie es später dargestellt wurde. Die Griechen rüsteten sich für einen Fortgang des Kampfes, und Xerxes schien offenbar auch willens, dies seinerseits zu tun. Er ließ jedenfalls nicht vom Plan ab, auf Salamis zu landen, und begann damit, eine Schiffsbrücke vom Festland nach Salamis vorzubereiten. Herodot betrachtet dies als ein Scheinmanöver, um den schon beschlossenen Rückzug zu kaschieren. Dieser hat aber möglicherweise andere Gründe, als die griechische Historiographie behauptet, die Xerxes Angst vor dem Abbruch der Hellespontbrücke zuschreibt. Dieses Motiv war aus dem Skythenzug des Dareios bekannt, zu dem es vielleicht eine Doublette bildet. Als Xerxes zu Beginn des Feldzuges zum Hellespont kam, war die Brücke durch einen Sturm zerstört, ohne dass ihn dies in größere Schwierigkeiten gebracht hätte. Vielleicht ist der Grund für die baldige Heimkehr vielmehr in den Nachrichten von Unruhen im Innern des Reiches zu suchen, die den Großkönig vor Athen erreichten.

Soweit sie unbeschädigt geblieben war, erhielt die persische Flotte Order, von Phaleron aus Richtung Hellespont aufzubrechen, der Großkönig selbst nahm den Landweg über Boiotien. Zwar war das Landheer weitestgehend intakt, aber zum einen war ein Angriff auf den befestigten Isthmos ohne Schiffe sinnlos, zum anderen war für weitere Operationen das Jahr zu weit fortgeschritten. Teile der Fußtruppen sollten in Thessalien überwintern und im nächsten Frühjahr einen neuen Angriff wagen. Boiotien und der Zugang dorthin blieben in persischer Hand.

Die griechische Flotte versuchte derweil nach Herodots späterer Überlieferung, der gegnerischen am Hellespont zuvorzukommen. Von der Insel Andros aus plante Themistokles, quer über die Ägäis nach Nordosten zu fahren, doch setzte sich der Vorschlag nicht durch. Das Scheitern des Plans wurde später rationalisiert: Wäre dem Großkönig der Ausweg abgeschnitten worden, hätte er umso erbitterter in Griechenland gekämpft und diesmal vielleicht Erfolg gehabt. So beschränkten sich die Verbündeten darauf, von den des «Medismos» (propersische Gesinnung) bezichtigten Inseln Kontributionen einzufordern, die zum Unterhalt der Schiffe dringend erforderlich waren. Karystos auf Euboia, Paros und andere Inseln ließen sich erpressen und zahlten teils hohe Summen. Ein Teil der Beute ging nach Delphi, andere Gelder flossen auch in die Privatschatullen beteiligter Feldherren, vor allem Themistokles wurde später beschuldigt, sich bereichert zu haben.

Nach 45 Tagen erreicht Xerxes trotz enormer logistischer Schwierigkeiten den Bosporus. Die Truppen hätten Gras, Rinde oder Laub gegessen, wo sie kein Getreide fanden, berichtet

Herodot, und allerlei Krankheiten hätten die Soldaten befallen.

Während Mardonios in Thessalien im Winterquartier lag, sammelten sich die Reste der persischen Flotte vor Samos. Ihre Aufgabe war zunächst defensiv, nämlich Aufstände der Griechen in Ionien zu verhindern. Die griechischen Schiffe, die im Frühjahr 479 wieder in Aigina zusammenkamen, wagten sich über die Höhe von Delos noch nicht hinaus.

Von Thessalien aus bereitete Mardonios die Frühjahrsoffensive auch diplomatisch vor. Er schickte zunächst an alle Orakelstätten, zu denen Perser Zutritt hatten, Boten, und anschließend den König Alexander von Makedonien nach Athen. Dieser hatte sich Verdienste um Athen erworben, war dafür mit der Proxenie, dem Gastrecht, bedacht worden und schien so der geeignete Vermittler zu sein. Ob Mardonios tatsächlich ein Bündnis mit Athen erhoffte, ihn eventuell auch die Orakel dazu ermuntert hatten, bleibt unklar. Der Großkönig bot den Athenern über Mardonios und Alexander zuerst Vergebung für alle Unbill an, die sie ihm bereitet hatten – ein Punkt, der die Athener wohl wenig beeindruckte –, daneben aber Autonomie und sozusagen ein Freibillett für eine mögliche Expansion Athens auf griechischem Boden. Zudem wollte er den Wiederaufbau der zerstörten Heiligtümer finanzieren. Zwar umfasste das Angebot vermutlich den Verzicht auf die geplante Rückführung der Peisistratiden, dennoch kam seine Annahme der Anerkennung persischer Oberhoheit gleich. Für die Athener war es daher nicht möglich, ohne gänzlichen Gesichtsverlust auf dieses Angebot einzugehen. Dennoch nutzen sie es, um die Lakedaimonier unter Druck zu setzen. Für den ausstehenden Entscheidungskampf zu Lande wurden deren Hopliten dringend benötigt.

Die Athener warteten, bis Gesandte aus Sparta eingetroffen waren, um dann mit großer Geste und gemeingriechischem Anspruch das Bündnis mit den Persern abzulehnen. Was Herodot dazu überliefert, hat wahrscheinlich erst in der Pentekontaetie – der knapp fünfzigjährigen relativen Friedensperiode nach den Perserkriegen – seine propagandistisch prägnante Ausprägung gefunden: Solange die Sonne auf ihrer Bahn ziehe, könne es keine Versöhnung zwischen Athenern und Xerxes geben.

Der Sieg von Salamis und der Abzug des Großkönigs mit der Flotte und einem Teil der Fußtruppen hatten psychologischen Auftrieb gegeben. Noch war zwar die Gefahr nicht gebannt, Athen war weiterhin ungeschützt und einem persischen Angriff von Norden ausgesetzt. Allerdings konnten sich die Verbündeten nun auf den Landkampf konzentrieren, und ohne Flottenunterstützung war der Gegner stark geschwächt.

Plataiai

Auch 479 zeigten sich die verbündeten Griechen zunächst uneins oder zumindest ohne klare Strategie. Im Frühjahr versammelten sich die griechischen Schiffe bei Aigina und fuhren schließlich bis Delos. 300 Trieren des Großkönigs, die auf diese Nachricht hin aus Kyme gekommen waren, ankerten gleichsam gegenüber vor Samos. Vermutlich sollten sie die Küste schützen und Aufstandsversuche der Ionier verhindern. Zwar bildeten sie ein Drohpotential, gegen das sich die Griechen schützen mussten, doch im Seekrieg war zunächst keine Bewegung zu erwarten.

Im Übrigen richtete sich der Blick auf Mardonios in Thessalien. Seine Pläne sollten die nächsten Maßnahmen bestimmen. Inwieweit ein Wechsel in der militärischen Führung Auswirkungen hatte, ist unklar. In Athen war Themistokles nicht mehr zum Strategen gewählt worden. Sein Konkurrent Xanthippos blieb im Amt, hinzu kam Aristeides, ebenfalls ein Gegner des Themistokles. Der spartanische Befehlshaber der Flotte, Eurybiades, wurde ebenfalls abgelöst. Vielleicht ging den Spartanern das Einvernehmen mit Themistokles zu weit, vielleicht missbilligten sie die zu defensive Strategie des Eurybiades, denn dieser hatte nach Salamis auf die Verfolgung der fliehenden persischen Schiffe verzichtet. Vermutlich endete aber auch nur die einjährige Amtszeit des Nauarchen (Flottenbefehlshabers) und wurde nicht verlängert. 479 befehligte jedenfalls einer der beiden Könige, Leotychidas, die Flotte bei Aigina.

Mardonios sah sich in der Pflicht, die Niederlage zur See durch einen Sieg mit den Landtruppen wettzumachen. So rückte er, von den Thessaliern unterstützt, nach der Ablehnung seines Bündnisangebotes an die Athener wieder in Boiotien ein. Die boiotische Empfehlung, die Griechen zu schlagen, indem er durch Bestechungen ihre Uneinigkeit förderte, lehnte er ab. Er brauchte den raschen militärischen Erfolg. So führte die Invasion ein zweites Mal nach Attika. Laut Herodot geschah dies etwa zehn Monate nach der ersten Zerstörung Athens, also etwa Ende Juni 479.

Der Weg nach Plataiai

Mardonios schonte zunächst das attische Land. Er hatte die Hoffnung, die evakuierten Athener angesichts der Drohung einer nun vollständigen Zerstörung ihrer Stadt zum Einlenken bewegen zu können. Das war eine Fehlkalkulation. Der nach Salamis entsandte Emissär kehrte erfolglos zurück. Angeblich steinigten die Athener einen Ratsherrn, der für ein Bündnis mit den Persern eintrat. Diese Demonstration untadelig aufrechter Haltung hatte aber noch einen weiteren Zweck. Die Athener wollten den Druck auf Sparta erhöhen, endlich die – nach ihrer Auffassung – versprochenen Hopliten zu entsenden, um den Persern jenseits der Peloponnes entgegenzutreten. Auch diesmal erhoben sie Vorwürfe, die Spartaner schauten der Eroberung Attikas tatenlos zu. Jedenfalls zögerten sie auch noch, als eine athenische Delegation, dazu eine der Plataier und eine der Megarer, um eilige Hilfe ersuchte. Insgesamt hielten sie die Athener länger als zehn Tage hin. Zunächst schoben sie die Feier eines religiösen Festes als Grund vor. Während dieser Zeit bauten die Peloponnesier weiterhin intensiv an der Isthmos-Mauer. Die Athener sahen es mit Argwohn. Sie fühlten sich in ihrem Glauben bestätigt, dass die Spartaner und ihre Verbündeten sich nach dem Seesieg auf die Sperrung der Landenge beschränken würden, denn ohne Flottenunterstützung war die Mauer ein unüberwindliches Hindernis für Mardonios. Belagerungstechnik war damals noch so gut wie unbekannt, erst die Makedonen unter Philipp II. (359–336) entwickelten sie zu einer wirksamen Waffe.

Herodot hat die athenische Version übernommen; auch er glaubt nicht, dass die Spartaner bereit waren, nach Mittelgriechenland vorzurücken. So kann er letztlich nicht überzeugend erklären, was deren angeblichen Sinneswandel tatsächlich bewirkt haben soll. Denn als die athenische Gesandtschaft ein letztes Mal vor der angedrohten Abreise vorsprach, erfuhr sie zu ihrer Überraschung, dass ein Kontingent von 5000 Spartanern und 5000 Periöken, verstärkt durch angeblich 35 000 Heloten, bereits in der Nacht ausgerückt war. Laut Herodot war es die Warnung der Athener, sich doch noch den Persern anzuschließen, welche die Spartaner einlenken ließ, doch jene Drohung war überholt und zudem ein Bluff. Worauf die Spartaner gewartet haben, wird dennoch nicht klar. Das perserfreundliche Argos stellte nach Salamis keine direkte Gefahr dar, nichts deutet auf eine mögliche Erhebung der Heloten, von denen viele ja auch am Auszug teilnahmen. Vielleicht sollte das Einbringen der Ernte durch die Heloten abgewartet werden, vielleicht die Fertigstellung der Isthmos-Sperre. Möglicherweise hatten die Spartaner es einfach versäumt, die Kontingente des Peloponnesischen Bundes rechtzeitig einzuberufen. So musste das spartanische Heer auch am Isthmos noch warten, bis die anderen Peloponnesier, «soweit sie der guten Sache zugeneigt waren», nachrückten.

Der Vormarsch der Peloponnesier genügte aber bereits, um Mardonios zum Rückzug aus Attika zu bewegen. Nach einem kurzen Vorstoß gegen Megara marschierte er über Dekeleia nach Boiotien zurück. Ihm schien das Gelände nicht geeignet für einen Reiterkampf, und er fürchtete im Falle einer Niederlage eine Besetzung der nördlichen Engpässe. So lagerte er in der Nähe des verbündeten Theben und konnte so auch seine Versorgung sicherstellen.

Das Kommando über die Griechen führte ein noch unerfahrener Feldherr, der als Vormund für seinen Vetter, den Sohn des Königs Leonidas, fungierte, der erst 25 Jahre alte Pausanias. Bei Eleusis schlossen sich die Athener mit 8000 Schwerbewaffneten an, und gemeinsam bezogen die Verbündeten ihr Lager an den Ausläufern des Kithairon, um sich vor den persischen Reitern zu schützen. Der Fluss Asopos trennte die Gegner. Im Bewusstsein der Bedeutung der Ereignisse schworen die Verbündeten den (in Teilen umstrittenen) Eid von Plataiai, den neben der literarischen Überlieferung auch eine 1932 bei Acharnai gefundene Inschrift auf einer Stele des 4. vorchristlichen Jahrhunderts belegt: «Ich werde kämpfen, solange ich lebe, und werde nicht höher achten zu leben, als frei zu sein, und werde nicht im Stich lassen den Taxilochos (Unterfeldherrn) und auch nicht den Enomotarchos (Scharführer), weder als Lebenden noch als Toten, und werde nicht fortgehen, wenn nicht die Hegemones (Oberbefehlshaber) (uns) wegführen, und werde tun, was immer die Strategoi befehlen, und die Toten unter den Mitkämpfern werde ich bestatten auf demselben (Platz), und unbestattet werde ich keinen zurücklassen. Und siege ich im Kampf mit den Barbaren, werde ich den Zehnten weihen von der Stadt der Thebaner, und werde nicht entvölkern Athen oder Sparta oder Plataiai oder eine von den anderen Städten, die mitgekämpft haben.» (HGIÜ I 40)

Der Sieg von Plataiai

Die große Schlacht ließ auf sich warten. Seit Ende Juni stand Mardonios in Attika. Die folgenden Demarchen und Truppenbewegungen füllten mehrere Wochen aus. Einer Inschrift zufolge, dem sogenannten Marmor Parium, hatte bereits der neue Archon (für 479/8) sein Amt angetreten, und der Hochsommer ging zu Ende. Beide Seiten wichen zunächst einem Entscheidungskampf aus und versuchten, den Gegner durch Behinderung der Nachschublinien zu stören. Knapp hunderttausend Soldaten (30 000 bis 40 000 auf griechischer, geschätzte 60 000 auf persischer Seite), dazu Hilfsmannschaften, waren zu verpflegen, so dass es möglich schien, auch ohne Kampf den Gegner durch Blockierung des Nachschubs zum Abzug zu zwingen.

Die Perser agierten mit Plänkeleien ihrer Reiterabteilungen, denn den berittenen Bogenschützen hatten die Griechen nichts entgegenzusetzen. Ein erster Erfolg gelang Mardonios, als seine Kavallerie auf den nach Plataiai führenden Pässen des Kithairon 500 Wagen mit Lebensmitteln aus der Peloponnes erbeutete, ein weiterer, als die Reiter bis zu der Quelle vordrangen, aus der nahezu das gesamte griechische Heer sein Wasser schöpfte, sie verunreinigten und verschütteten. Zu diesem Zeitpunkt lagen

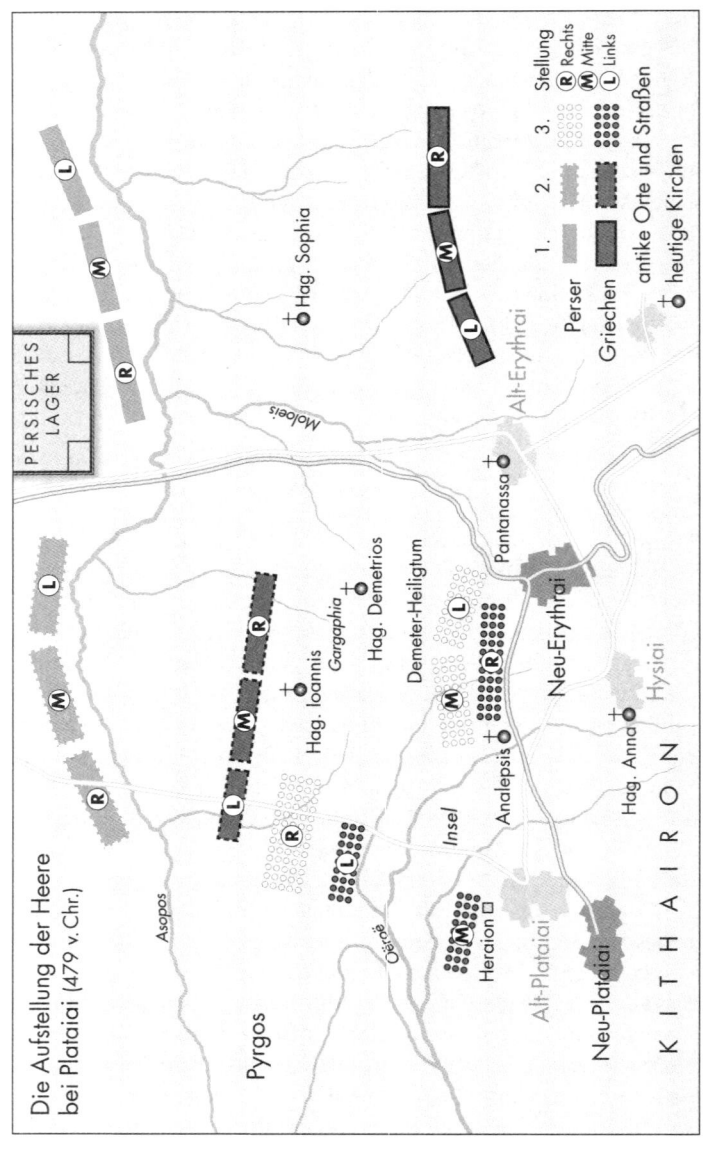

Die Aufstellung der Heere bei Plataiai (479 v.Chr.)

PERSISCHES LAGER

antike Orte und Straßen
† heutige Kirchen

Perser
Griechen

Stellung
(R) Rechts
(M) Mitte
(L) Links

1. 2. 3.

Hag. Sophia

Alt-Erythrai

Moloeis

Pantanassa †

Neu-Erythrai

Hysiai

Hag. Anna †

Asopos

Pyrgos

Oëroë

Hag. Ioannis †

Gargaphia
Hag. Demetrios †

Demeter-Heiligtum

Analepsis †

Insel

Heraion □

Alt-Plataiai

Neu-Plataiai

K I T H A I R O N

sich die Gegner bereits mehr als zehn Tage gegenüber. Pausanias war gezwungen, das Heer zurückzuverlegen.

Der Verlauf der Schlacht ist mit Herodots Darstellung kaum zu rekonstruieren. Ihm lagen die unterschiedlichsten Versionen vor, er musste aus zahlreichen Heldenlegenden auswählen, durfte seinen Sinn für Realität nicht verlieren und doch niemanden von den siegreichen Griechen kränken. Zudem hatte Herodot mehr Interesse an Geschichten und Schicksalen als an Strategie. Er war in erster Linie Erzähler, und nicht General wie später der Historiker Thukydides. Orakel und Orakeldeuter spielen bei ihm eine große Rolle, und die Auslegungen Letzterer bestimmen immer wieder die Entscheidungen der Kommandierenden, ohne dass klar wird, ob vielleicht diese die Entscheidungen der Orakeldeuter bestimmen.

Die Griechen boten auch in dieser Situation ein Bild der Uneinigkeit. Das begann schon bei der Aufstellung zur Schlacht, bei der um die Ehrenplätze gestritten wurde. Es setzte sich fort, als Pausanias den taktischen Rückzug anordnete, um die Wasserversorgung sicherzustellen. Das griechische Zentrum wich weit über das befohlene Ziel hinaus bis zu dem vor den Toren Plataiais gelegenen Heraion zurück. Herodot spricht hier von Flucht, und tatsächlich ist das Manöver allein mit den äußeren Umständen eines Nachtmarsches in teils unbekanntem Gelände nicht ganz zu erklären. Auch der Rückzug der Spartaner und der Tegeaten auf dem rechten sowie der Athener auf dem linken Flügel vollzog sich schleppend. Den Spartanern wurde beinahe der eigene Mythos zum Verhängnis, denn ein Führer einer Tausendschaft gebärdete sich als zweiter Leonidas und interpretierte den Rückzug als Feigheit. Stundenlange Verhandlungen blieben fruchtlos, erst als Pausanias schließlich ohne den Verweigerer abrückte, erkannte dieser seine ausweglos gewordene Lage und folgte.

Die Unordnung der Griechen erwies sich aber als Glück, denn die Perser nahmen übereilt die Verfolgung auf. Mardonios griff mit seinen Reitern die Spartaner an, auf dem linken Flügel standen die Athener gegen die Boioter. Entscheidend wurde, dass die Spartaner selbst in der Rückwärtsbewegung dem persischen Druck standhielten und schließlich trotz einiger Verluste durch die feindlichen Bogenschützen zum Gegenangriff übergehen konnten. Im Nahkampf waren sie dank ihrer Bewaffnung und eintrainierten Disziplin den Persern überlegen. Als Mardonios fiel, war die Schlacht entschieden, ohne dass die beiden Zentren überhaupt zum Einsatz gekommen wären. Von einer Strategie des Pausanias ist wenig zu erkennen, doch bewies er in der entscheidenden Phase Nervenstärke, Übersicht und taktisches Geschick. Selbst Herodot kommt nicht umhin, den Sieg zu personalisieren. So habe Pausanias, der Sohn des Kleombrotos, schrieb er, den schönsten Sieg von allen errungen, von dem es Kunde gäbe. Pausanias selbst teilte diese Meinung und ließ sich auf dem in Delphi aufgestellten Weihegeschenk für den Sieg als Vernichter des persischen Heeres feiern. Die Spartaner tilgten die Inschrift, doch das Bild des Regenten blieb durch die Vorwürfe über sein späteres Auftreten – Thukydides spricht von Hoffart und der Übernahme persischer Sitten – verdüstert.

Die Beute war groß. Herodot zählt vielerlei Gerätschaften, Schmuck und Waffen aus Gold und Silber auf. Die Sieger verteilten sie großzügig untereinander. Heloten, die die Wertsachen einzusammeln hatten, unterschlugen vieles und verkauften Gold wie Erz, berichtet der Historiker. Der persische Luxus war freilich ein Topos, der die Genügsamkeit der Griechen unterstreichen sollte.

Den Heiligtümern in Delphi, in Olympia und am Isthmos wurde der Zehnt erstattet. Mit ihm wurde auch die berühmte Schlangensäule von Delphi finanziert. Es handelte sich um ein Bronzemonument von ca. sechs Metern Höhe, das aus drei ineinander verschlungenen Schlangenleibern bestand, auf deren Köpfen ein goldener Dreifuß ruhte. Dieser wurde 356 v. Chr. während einer Besetzung Delphis im sogenannten 3. Heiligen Krieg eingeschmolzen, die Schlangen aber überlebten Erdbeben und die Raubzüge des Römers Sulla. Erst Konstantin der Große ließ sie in seine neue Metropole Konstantinopel verschleppen (der Marmorsockel verblieb in Delphi), wo sie im Hippodrom aufgestellt wurde und später zeitweise als Springbrunnen diente. Der Grund der ursprünglichen Aufstellung war nicht vergessen, vielleicht sollte die Erinnerung an die alte fortan eine neue Perserfeind-

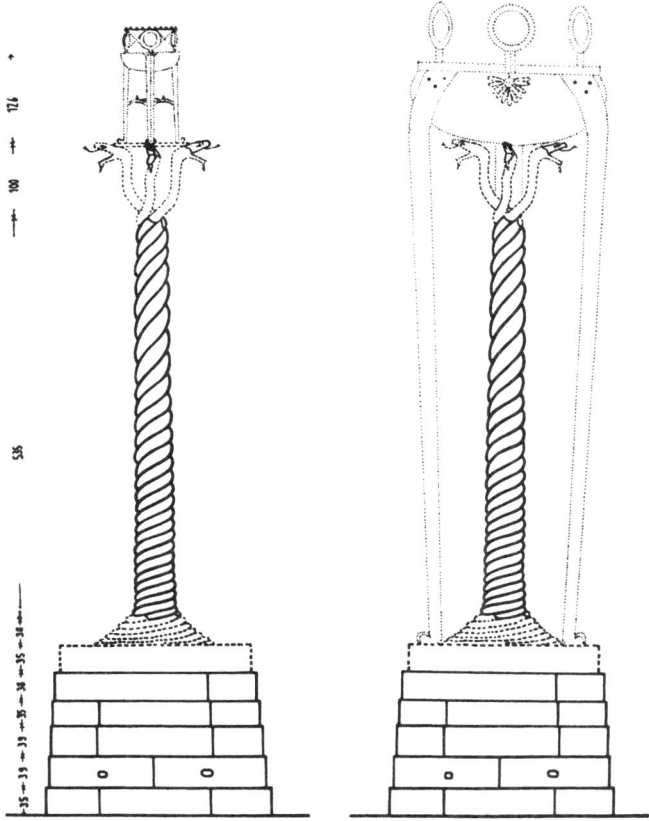

Abb. 8: Rekonstruktionsversuch der Schlangensäule

schaft propagieren. Das Monument stand bis ins 16. Jahrhundert frei und wurde erst dann allmählich verschüttet. Um 1700 brach der obere Teil mit den Schlangenköpfen ab, von denen einer später wieder aufgefunden wurde. 1856 wurde dann auch die berühmte Inschrift wiederentdeckt, mit der sich die Sieger von Plataiai auf einfache Weise feierten. Der schlichten Einleitung «Diese führten den Krieg» – zugleich eine Spitze gegen die sich ab-

Abb. 9: Die Sieger der Perserkriege

Abb. 10: Die Schlangensäule in Istanbul. Osmanische Miniatur aus dem Jahre 1582

wartend Verhaltenden – folgen in dorisch-lakonischem Dialekt, mit Lakedaimoniern und Athenern an der Spitze, noch 29 Namen von Städten und Inseln. Das sind nicht alle Städte, die Herodot als Verbündete erwähnt; umgekehrt können auch politische Gründe dazu geführt haben, Poleis aufzunehmen, die militärisch keine Rolle gespielt hatten.

Auf der nicht in Bronze gegossenen Liste der «Medizontes», der Meder- und Perserfreunde, stand Theben obenan. Anderen wie den Thessaliern mochten die Verbündeten eine gewisse Zwangslage zubilligen, da ihr Land nicht zu verteidigen gewesen war, den Thebanern aber galt die Wut der siegreichen Griechen. Zehn Tage nach der Schlacht von Plataiai erschien das Heer des Hellenischen Bundes vor Theben und forderte die Auslieferung der persertreuen Führung. Als dies verweigert wurde, verwüsteten die Verbündeten das Land und begannen mit dem Angriff auf die Mauern. Schließlich kapitulierte Theben, die Gesuchten wurden ausgeliefert, Pausanias ließ sie hinrichten und löste das Heer der Griechen auf. Die Reste des persischen Heeres erreichten unter der Führung des Artabazos Byzantion und flohen per Schiff nach Kleinasien.

Mykale und die Folgen

Herodot behauptet, die Schlachten von Plataiai und von Mykale, die letzte dieses Krieges, hätten am selben Tag stattgefunden, nur um wenige Stunden verschoben. Während am Morgen in Boiotien gekämpft wurde, hätte das Gefecht an der

kleinasiatischen Küste östlich von Samos am Nachmittag
begonnen. Gerüchte seien dort plötzlich von Mund zu Mund
gelaufen, aus der Brandung sei ein Heroldsstab aufgetaucht
und, der Sorge um die Angehörigen in der Heimat ledig, seien
die Griechen am Strand des Vorgebirges Mykale, von plötz-
licher Siegesgewissheit beflügelt, in den Kampf gezogen. Der
Historiker ist sich seiner Datierung sicher, doch die Moderne
hält das für einen konstruierten Synchronismus. Der Vorstoß
der hellenischen Flotte nach Kleinasien erfolgte wohl erst als
Reaktion auf den zweiten Rückzug der Perser aus Griechenland.

Seit Frühjahr 479 war die griechische Flotte auf vorgezogener
Position bei der Insel Delos vor Anker gegangen, um eventuel-
len Angriffen der Perser rechtzeitig begegnen zu können. Dort
erschien im Hochsommer eine Delegation samischer Gesandter,
die ein Hilfegesuch an den Admiral Leotychidas richteten. Das
geschah inoffiziell, denn Samos stand noch unter der Herrschaft
der Perser, die dort einen Tyrannen installiert hatten. Obgleich
die Samier Athener freigekauft hatten, die von Xerxes ver-
schleppt worden waren, konnte es sich um eine Finte handeln,
und die anfängliche Skepsis des Leotychidas wird dadurch
bewiesen, dass die Delegation anbot, Geiseln zu stellen. Die
Samier forderten Leotychidas auf, in Kleinasien zu intervenie-
ren; die Ionier würden beim Erscheinen der griechischen Schiffe
sogleich von den Persern abfallen. Der Admiral entschied sich
für das Wagnis und brach nach Samos auf. Die phönikischen
Schiffe waren bereits nach Hause zurückgekehrt, sodass sich die
Perser für eine Schlacht nicht gerüstet fühlten. Um ihre Schiffe
zu retten, fuhren sie von Samos zurück nach Kleinasien, wo sie
sich unter den Schutz der dort stationierten Landtruppen stellen
konnten. Die Schiffe wurden an Land gezogen und durch einen
Wall gesichert.

Leotychidas zögerte, ob er umkehren oder zum Hellespont
fahren sollte, und entschied sich, da das eine zu risikoreich, das
andere eine Brüskierung von Samos war, schließlich für ein
Drittes, den Angriff auf das Schiffslager. Die Hoffnung bestand,
dass die Ionier auf der persischen Seite desertieren oder sich
zumindest passiv verhalten würden. Tatsächlich wurden die

Samier auch vor Beginn des Kampfes noch von den Persern entwaffnet, die milesischen Truppen zurückbeordert.

Die Athener und peloponnesische Einheiten griffen nun das persische Lager direkt an, die Lakedaimonier versuchten, es von der Seite zu umgehen. Herodot bietet wieder eine Version, in der sich die Athener als die tapfersten erweisen. Wie bei Marathon kommen die Lakedaimonier zu spät, auch wenn sie bei Mykale noch in die abschließenden Kämpfe eingreifen dürfen und den vor allem von den Athenern errungenen Sieg sozusagen vollenden. Nach der Flucht der Perser brannten die Griechen die Verschanzungen nieder, zerstörten die Schiffe und schafften, was sie an Beute fanden, auf ihre Trieren, bevor sie wieder nach Samos aufbrachen. Herodot schließt lapidar: «So fiel Ionien zum zweiten Mal von den Persern ab.»

Die Zerstörung der persischen Flotte war gleichbedeutend mit der Öffnung des von den Persern kontrollierten Hellespont und der Sicherung der ägäischen Inseln vor Angriffen. Der Sieg hatte ein Problem gelöst und ein neues geschaffen. Niemand unter den Griechen glaubte damals, die kurzfristig befreiten Ionier vor der Rückkehr eines neu gerüsteten Xerxes schützen zu können. Eine Verteidigung, die bereits in Thessalien versagt hatte, konnte nicht bis zum Halys in Kleinasien vorgeschoben werden. In einer Konferenz auf Samos berieten die Flottenführer, wie die abgefallenen Ionier auf dem Festland am besten vor den Persern zu schützen wären. Die Beratung war aus dem Augenblick geboren, die Weiterungen, die sich aus dem Abfall der Ionier später ergaben, werden die wenigsten vorausgesehen haben. Der Vorschlag der peloponnesischen Flottenführer lautete, die Ionier umzusiedeln. Dazu sollten diejenigen Griechen des Mutterlandes vertrieben werden, die es mit den Persern gehalten hatten. Im Prinzip lief das auf einen frühen Bevölkerungsaustausch in Kleinasien, allerdings hier Griechen gegen Griechen, hinaus. Die Athener, die in den Ioniern attische Kolonisten sahen, widersprachen sofort. Die Sache wurde vertagt, eine Umsiedlung war ohnehin unrealistisch. So blieb ein Ergebnis. Samos, Chios, Lesbos und andere Inseln wurden in die Symmachie von 481 aufgenommen, deren Gesandte legten den Eid auf das Bündnis ab.

Die griechische Flotte fuhr nun an der von den Persern geräumten Küste vorüber zum Hellespont. Die Brücke des Xerxes war längst zerstört, die Herbststürme des Jahres 480 hatten den Griechen diese Arbeit abgenommen, doch nach Herodots Meinung besaßen die griechischen Strategen davon keine Kenntnis. Leotychidas und die Peloponnesier kehrten in ihre Heimat zurück. Für die Athener stellte sich die Lage anders dar. Für sie war die Zufahrt zum Schwarzen Meer und – als deren Voraussetzung – die Kontrolle der thrakischen Chersonesos von großer Bedeutung. So begann unter der Führung des Xanthippos die Belagerung des immer noch persisch besetzten Sestos. Die Eroberung der Stadt zog sich hin und gelang erst Ende des Jahres 479. Nun segelten auch die Athener zurück, an Bord als wichtigstes Beutestück die Brückentaue des Xerxes, die sie in ihren Tempeln weihen wollten.

Ein offener Schluss

Die kurze Geschichte der langen Heimfahrt ist nach einem Einschub über eine Liebesaffäre des Xerxes das letzte Ereignis des Krieges, das Herodot erzählt. Das freilich ist nicht das Ende der Darstellung vom größten gemeinsamen Sieg der Griechen, wie es zumindest der moderne Leser erwartet. So ist ein Streit entbrannt, ob Herodot sein Werk vollenden konnte. Die Frage ist nicht zu entscheiden, doch hat Herodot der Einnahme von Sestos noch ein Kapitel angefügt, das als Schlusspunkt verstanden werden kann. Es enthält eine etwas naive Form einer im 20. Jahrhundert wiederbelebten Kulturtheorie, nach der kein Land zugleich herrliche Früchte und kriegstüchtige Männer hervorbringen könne. Bei Herodot lehnt Kyros der Große als Herr von Asien weitere Eroberungen mit der Begründung ab, es sei besser, Herr in einem mageren, als Knecht in einem üppigen Land zu sein. Mit seinem letzten Satz zollt Herodot den besiegten Persern nochmals seine Achtung. Gleichzeitig konnte, wer wollte, diesen in der Zeit der fortgesetzten Expansion der Athener geschriebenen Satz auch als Mahnung an die Stadt lesen, der Herodot mehr verdankte als jeder anderen.

Nach dem Krieg

Athen und Sparta

Die Tragik des großes Sieges über die Perser liegt darin, dass er die Wurzel bildete für die Entzweiung der ehemaligen Verbündeten und den nachmaligen Krieg, den sie mit weit größerer Erbitterung und schließlich auch entsprechender Brutalität ausfochten als den gegen den «nationalen» Feind. Was sie diesem vorgeworfen hatten, dessen beschuldigten sie einander später selbst, nämlich Griechen ihrer Freiheit zu berauben. Es ist nicht zu verkennen, dass Griechen zuerst unter athenischer, dann unter spartanischer Herrschaft stärker unterdrückt wurden als früher unter persischer. Die in den Kriegen gegen die Perser gefallenen Griechen machen nur einen Bruchteil derer aus, die in den unter den Griechen geführten Kriegen fielen. Kurze Zeit nur habe die Waffenbrüderschaft gedauert, schrieb Thukydides im Prolog seines Geschichtswerkes, dann hätten sich Lakedaimonier und Athener wieder entzweit und begonnen, gemeinsam mit ihren Verbündeten gegeneinander Krieg zu führen. Die ersten Kämpfe währten von 459 bis zum dreißigjährigen Frieden von 446, der große Krieg, an dessen Ende der Verlust des Reiches stand, das Athen im Gefolge der Perserabwehr aufzubauen sich angeschickt hatte, begann erst 431.

Die 50 Jahre (von 480 bis 430), die Thukydides unter genau dieser lapidaren Bezeichnung (Pentekontaetie) als mehr oder minder geschlossene Periode begreift, besitzen einen Doppelcharakter. Es sind die Jahre des Aufstiegs Athens zur bedeutendsten Seemacht im östlichen Mittelmeer, inklusive des Aufbaus einer eigenen, die Ägäis umspannenden Herrschaft, und gleichzeitig diejenigen, die den athenisch-spartanischen Dualismus herausbilden, der notwendig zu seiner Aufhebung drängt. Aus der Sicht des Thukydides, dessen Thema der Peloponnesische Krieg von 431 bis 404 ist, verdichten sich alle Ereignisse nach dem Sieg über die Perser zu einem Geschehen, das in der Dynamik der fortgesetzten Expansion Athens zuerst in den Osten, dann in den Westen, nur in einen Krieg münden konnte, zu dem sich Sparta und seine Verbündeten aus Angst vor einer Einkreisung genötigt fühlten.

Die geschichtliche Bedeutung der Perserkriege lag im Ausbau der attischen Demokratie und der Ausweitung der athenischen Herrschaft über Attika hinaus bis zu den Inseln der kleinasiatischen Küste, gipfelnd in dem Versuch, ein eigenes Reich mit eigener Währung zu schaffen. Dieser Versuch beginnt genau dort, wo Herodot aufhört und Thukydides einsetzt, und zwar mit der Entscheidung des Admirals Leotychidas, die peloponnesischen Kontingente nach der Schlacht von Mykale und der anschließenden ergebnislosen Fahrt an den Hellespont in die heimatlichen Häfen zurückzubeordern. Mit der Belagerung von Sestos durch die Athener nahm gleichzeitig das seinen Anfang, was auch als attischer Imperialismus umschrieben wurde.

Der Mauerbau

Für den Historiker Thukydides gab es zur athenischen Expansion keine Alternative. Sie entsprach dem Wesen einer Großmacht, als die Athen aus den Perserkriegen hervorgegangen war. Das neue Selbstbewusstsein resultierte aus dem Sieg von Salamis, den Athen als eigenen reklamierte, und fand seinen materiellen Rückhalt in der größten Flotte, die eine griechische Polis aufzuweisen hatte. Dazu kam das Gefühl, aus eigener Kraft zweimal eine die Heimatstadt existentiell bedrohende Gefahr gemeistert zu haben, dazu ein Vertrauen in die eigene Stärke, ja Unbesiegbarkeit und schließlich die Überzeugung, Sparta, dem Lehrmeister Griechenlands, ebenbürtig geworden zu sein. So begann Athen nach der Abwehr der Perser nicht nur mit dem Aufbau der zerstörten Häuser. Ausdruck des neuen Machtbewusstseins, sicherlich aber auch Folge der Erfahrungen zweier Evakuierungen, war der Plan, Athen mit einer Mauer zu schützen, die zur damaligen Zeit nicht überwindbar war. Im Zusammenspiel mit der überlegenen Flotte, welche vom neu ausgebauten Piräus aus die Versorgung sicherstellen konnte und im Rücken jedes angreifenden Feindes zu operieren vermochte, machte dies Athen zu einer Bastion, wie es keine zweite in Griechenland gab. Da sie nicht nur zur Abwehr persischer, sondern auch etwaiger hellenischer Feinde diente, musste die Mauer, die Athen ob der nunmehr ungefährdeten Lage zu aggressiver Politik verlocken konnte, auch zur Drohung gegen alle anderen griechischen Poleis werden, selbst gegen diejenigen, die bislang zu den Freunden zählten. Die Athener wussten dies, und so bauten sie die Mauer rasch und unter bewusster Hintergehung der Spartaner, deren sicherlich auch eigennützige und daher schließlich nicht offen geäußerte Einwände sie wohl kannten. Die Erfahrung des gemeinsamen Sieges und die Hoffnung, den Ernstfall eines Bruderkrieges vermeiden zu können, verhinderten eine offene Verschlechterung der spartanisch-athenischen Beziehungen und gaben Athen den Mut, den eingeschlagenen Weg auch auf Kosten des Verbündeten weiter zu verfolgen.

Der Mauerring, der Piräus und die Flotte waren eine Grundlage der athenischen Macht im 5. Jahrhundert, der als Folge des Krieges entstandene Seebund die andere. Nach Thukydides war es das herrische und arrogante Auftreten des Pausanias als Führer einer gegen Kypros und das persisch besetzte Byzantion ausgeschickten Flotte, das die Abwendung der Ionier von Sparta forcierte. Doch es bedarf nicht eines persophilen Pausanias, um die Hinneigung der Ionier und der «erst jüngst von der Herrschaft des Großkönigs Befreiten» zu den Athenern zu erklären. Sparta hatte in Kleinasien keine Interessen, angesichts der stetigen Gefahr eines neuerlichen Heloten-Aufstandes – der von den Spartanern vollständig entrechteten Bevölkerung Messeniens – im eigenen Land war eine längere Kriegsführung am Rande der Ägäis nicht möglich, ganz abgesehen davon, dass die materiellen Ressourcen dazu fehlten. Dazu kam, dass die Ionier in den Athenern ihre Stammesverwandten sahen, und die Spartaner längere Auslandsmissionen ihrer Heerführer nicht schätzten, da sie Entfremdung und Korruption fürchteten. Schließlich galt Athen ungeachtet des Mauerbaus immer noch als befreundete Stadt.

Der Seebund

Die Übernahme des Oberbefehls durch die Athener und, daraus resultierend, die Gründung des Attischen Seebunds geschahen mit Billigung der überforderten Lakedaimonier. Nichts spricht dafür, dass der 481 geschlossene Hellenische Bund zu dieser Zeit aufgelöst wurde. Beide Seiten sahen die Folgerungen und Weiterungen dieses Ereignisses nicht voraus. Der weitblickende Staatsmann Themistokles ist eine Erfindung des Thukydides.

Die Zeugnisse über die Entstehung der Symmachie, die modern als Delisch-Attischer Seebund firmiert, da die gemeinsame Kasse eine Zeit lang im Apollonheiligtum der Insel Delos aufbewahrt wurde, sind spärlich und entsprechen nicht der Bedeutung des Bundes. Die Furcht vor der Rückkehr der Perser zwang die ägäischen Insel- und Küstenstaaten zu einem Zusammenschluss, zu dessen Führung allein Athen geeignet schien. «Rache für erlittenes Unrecht durch Verwüstung des königlichen Landes» war nach Thukydides die offizielle, ideologisch verbrämte Losung. Das Bündnis wurde in zweiseitigen Verträgen laut Aristoteles auf ewige Zeit geschlossen, zumindest jedenfalls hielten die Athener diese für unkündbar. Versammlungen wurden (zunächst) auf Delos abgehalten; unabhängig von seiner Größe besaß jeder Bündner eine Stimme. Das galt auch für Athen, allerdings mit der späteren Ausnahme, dass nur diese eine Stimme zählte. Per Eid verpflichteten sich alle, «dieselben Feinde und dieselben Freunde» zu haben, sich also sowohl bei einem Angriffs- wie einem Defensivkrieg zu unterstützen. Als Feinde wurden zunächst wohl nur die Perser verstanden, doch da die Formulierung offen gehalten war, konnten auch andere, wie zum Beispiel die Spartaner, bei Bedarf deren Platz einnehmen.

Die größeren Inseln wie Chios, Samos, Lesbos stellten Schiffe für gemeinsame Expeditionen, die kleineren Verbündeten beteiligten sich mit Geldzahlungen in Höhe von 460 Talenten, die, auch wenn sie durch die von Athen bestallten Hellenotamiai (Schatzmeister) erhoben wurden, anfangs nicht als Tribute empfunden wurden. Der Seebund machte die Ägäis zu einem attischen Meer, wie später das Mittelmeer ein römisches wurde;

er war bis zu seiner Auflösung im Jahre 404 das wichtigste Machtinstrument der Stadt Athen und in vielerlei Beziehung die Grundlage ihres Reichtums.

Dem Anfangsziel entsprechend eroberten die Athener persische Stützpunkte in Thrakien und der Ägäis, persische Rückeroberungspläne wurden in der Schlacht am Eurymedon im südlichen Kleinasien zunichtegemacht, in der eine neu gerüstete phönikische Flotte zerstört wurde. Die Ägäis, die persisch zu machen Xerxes ausgezogen war, war spätestens seit den sechziger Jahren ein attisches Binnenmeer; bis hin nach Kypros besaß Athen die Seehoheit. Eine weiterführende Expansion in das persisch besetzte Ägypten scheiterte jedoch – bei diesem Versuch hatte Athen seine Kräfte überschätzt. Mit dem in seiner Historizität umstrittenen Kallias-Frieden wurde 449 der Status quo festgeschrieben, zumindest ruhten die Kampfhandlungen, bis die Perser im Peloponnesischen Krieg die Möglichkeit sahen, durch Parteinahme für Sparta neuen Einfluss zu gewinnen. Diplomatie und Geld übernahmen immer mehr die Rolle, die früher Truppen und Waffen gespielt hatten.

Griechen und Perser im 4. Jahrhundert

Die ionischen Griechen blieben, was sie seit der Eroberung des Lyderreiches durch Kyros geworden waren – ein Zankapfel im Streit der Perser und der mutterländischen Griechen. Sie wechselten nur die Herren. Nach Lydern und Persern kamen die Athener und Spartaner, unter denen sie als befreit galten, schließlich wieder die Perser und am Ende die Makedonen. Unter der 404 mit der Kapitulation Athens erstrittenen Hegemonie der Spartaner übernahmen diese nicht nur die Herrschaft über die kleinasiatischen Griechen, sondern auch die Verpflichtung, sie zu verteidigen. Zwar landeten wiederholt Heere aus Griechen und Söldnern in Kleinasien, doch waren die Spartaner zu schwach, um die Rolle Athens einnehmen zu können. Im sogenannten Königsfrieden von 386 diktierte der Großkönig in Susa den in Einzelmächte zersplitterten Griechen die Vertragsbedingungen: «Artaxerxes, der Großkönig, hält es für gerecht, dass die Städte Asiens ihm gehören und von den Inseln Klazomenai und Kypros, dass die anderen Griechenstädte aber, kleine wie große, autonom sein sollen außer Lemnos, Imbros und Skyros, die wie in alten Zeiten den Athenern gehören sollen.» (Xenophon Hell. 5.1.31)

Die persische Herrschaft über die ionischen Städte verhinderte Bürgerkriege in und zwischen den Poleis, und so erlebten diese dann auch fast immer eine wirtschaftliche Blüte, wenn sie gerade nicht autonom waren wie in der Zeit nach 386. Überraschen kann es daher kaum, dass Alexander der Große 334 die kleinasiatischen Städte, die er befreien wollte, erst erobern musste. Es bestand nur geringes Interesse, die Oberherrschaft von einem persischen auf einen makedonisch-griechischen König zu übertragen.

Mit Alexander dem Großen schließt sich der Kreis. Knapp 150 Jahre, nachdem Xerxes seine Heere von Osten nach Westen geführt hatte, zog jener in umgekehrte Richtung, um – so die offizielle Begründung – die Zerstörung griechischer Heiligtümer zu rächen. Er tat dies, indem er den Palast von Persepolis anzündete. Das Zeitalter der persisch-griechischen Konflikte endete wenig später mit dem Tod des letzten Herrschers auf dem Achaimenidenthron. Es ist dies nicht der 330 von einem Satrapen ermordete Großkönig Dareios III., sondern dessen Schwiegersohn, eben niemand anderer als Alexander. So ist es einer der schönsten Treppenwitze der Weltgeschichte, dass die Griechen am Ende ihrer klassischen Zeit doch noch Untertanen eines persischen Herrschers geworden sind.

Die Rezeption der Perserkriege

Wie Erinnerungen gemacht werden

Die Legende von Marathon begann, als der erste Hoplit auf der Agora in Athen eintraf. Ein fremdländischer Aggressor war besiegt worden, und dessen konnten sich die Athener nicht nur im eigenen Land rühmen. Die Schlachten des weit größeren Peloponnesischen Krieges blieben ohne längeren Nachhall: Griechen kämpften hier gegen Griechen. Dagegen überlebte die Erinnerung an die Perserkriege auch den Niedergang der griechischen Staatenwelt, weil sie nicht auf einzelne Poleis begrenzt war und in lokalen Kulten erstarrte. Jede Stadt des Hellenischen Bundes konnte sich auf ihre eigene Leistung besinnen und gleichzeitig die gemeinsame im Auge haben. Zwar galt dies genau genommen für Marathon nicht, denn die Spartaner waren zu spät gekommen. Nach 479 aber wurde Marathon in den Kanon der großen Schlachten aufgenommen und zählte zu den vier Erinnerungsorten, die solche nicht nur im übertragenen Sinne waren. Athener und Spartaner teilten den Nachruhm größtenteils unter sich auf: Die Athener reklamierten die Siege von Marathon und Salamis für sich, die Spartaner beanspruchten die Thermopylen und Plataiai als ihre Schlachten, beide Seiten empfanden sich als Retter von Griechenland. Keine Rolle spielte bei der Auswahl der Orte, dass der Sieger an den Thermopylen Xerxes hieß. Es zählte das Endergebnis.

Die Erinnerungen an Marathon waren den Athenern wichtig, da sie den Zusammenhalt des in verschiedene regionale Gruppierungen zerfallenden attischen Staates beschworen, über gemeinsame Kulte, Feste und Rituale eine gemeinsame Identität förderten, einen Sieg der neuen Kleisthenischen Ordnung staatsbürgerlicher Gleichheit darstellten und alle Restaurationsbemühungen der Peisistratiden zunichtemachten. Siegesmale wurden aufgestellt, Feste und Totengedenken etabliert, der Hilfe der

Götter wie des bocksfüßigen Pan gedacht, Siegesepigramme verfasst, Weihegeschenke nach Delphi gebracht; über der Ebene von Marathon erhob sich ein Grabhügel von über 10 Meter Höhe und 50 Meter Durchmesser.

Nach den Perserkriegen erweiterte sich der lokale Anspruch zu einem «nationalen». Miltiades' Sohn Kimon verstand es, das Andenken seines Vaters in Ehren zu halten, um damit seine Stellung in Athen zu festigen und seine antipersische Politik zu legitimieren. In der Stoa Poikile feierte ein großes Gemälde aus den sechziger Jahren die Helden von Marathon und brachte die Schlacht in einen Zusammenhang mit den mythischen Kämpfen gegen die Amazonen und Trojaner. Die Athener begannen, den Angriff auf ihre Stadt als einen Angriff auf Griechenland auszulegen und sich als dessen Verteidiger zu gerieren. Sie stilisierten sich als Vorkämpfer des Griechentums und verliehen in einer Phase, in der sich der athenisch-spartanische Dualismus bereits stärker abzeichnete, dem Gedenken einen antispartanischen Anstrich, indem sie betonten, sich ganz allein gegen eine feindliche, persisch dominierte Welt, behauptet zu haben. Die Veteranen des Kampfes, die Marathonomachai, zogen jahrzehntelang durch Athen und wurden nicht müde, ihre Verdienste zu preisen, bis sie in den zwanziger Jahren den ihnen mittlerweile gebührenden Platz in den Komödien des Aristophanes fanden.

Wie Marathon reklamierten die Athener auch Salamis als ureigenen Sieg, obwohl die Spartaner dort nicht zu spät gekommen waren. Schon Aischylos sah in den Athenern ein Werkzeug, das von den Göttern ausersehen war, die persische Hybris zu strafen. Der Sieg über die Perser und die in ihm implizierte Rettung Griechenlands dienten im Athen des Perikles dazu, den hegemonialen Anspruch der Stadt zu rechtfertigen, die Freiheitsrhetorik sollte das Herrschaftsstreben vertuschen. Noch als sich die Athener anschickten, mitten im Frieden die Insel Melos zu erobern, begründeten sie das mit ihren Verdiensten in den Perserkriegen.

Innenpolitisch konkurrierten Salamis und Marathon um den ersten Platz der athenischen Geschichte. Die aristokratisch Gesinnten bevorzugten Marathon, wo unter der Führung ihresgleichen die Hoplitenphalanx triumphiert hatte, der Demos besann sich auf Salamis, wo die gemeinsam geruderten Schiffe die persische Armada besiegt hatten.

Plataiai war das Ereignis, mit dem sich die meisten Poleis jenseits der beiden Großmächte identifizierten. Jede beteiligte Stadt bewahrte ihre eigene Erinnerung, doch waren schon bald auch gemeinsame Feiern beschlossen worden. Alle vier Jahre fanden sogenannte Freiheitsspiele (Eleutherien) statt, und alljährlich richteten die Plataier für die auf ihrem Boden bestatteten Griechen eine Totenfeier aus. Der Biograph Plutarch, aus dem nahen Chaironeia stammend, hat sie über ein halbes Jahrtausend nach dem Anlass besucht und beschrieben. Die Spartaner hatten die Hauptmacht des Gegners geschlagen und begründeten mit diesem, ihnen vom Dichter Simonides und auch von Herodot bestätigten Verdienst ebenso ihre hegemonialen Ansprüche wie die Athener die ihren mit Salamis. In den Zeiten des Peloponnesischen Krieges entspann sich ein Propagandakampf, in dem die Athener den Lakedaimoniern den Bruch der damals geschworenen Eide vorwarfen, welche die Unverletzlichkeit Plataiais garantierten, während die Spartaner ihrerseits das athenische Vormachtstreben mit demjenigen der Perser gleichsetzten und ihren Kampf gegen Athen zum Kampf um die Freiheit von Hellas erhöhten.

Erst als die griechischen Städte am Ende des 4. Jahrhunderts in die politische und militärische Bedeutungslosigkeit herabsanken, erinnerten sie sich wieder verstärkt der panhellenischen Aspekte des Kampfes von Plataiai und feierten das Ereignis nun mit Blick auf die makedonische Vorherrschaft als Sieg eines auf Gleichheit, Autonomie und Freiheit ausgerichteten Bündnisses.

Die Erinnerung an die Thermopylen machte den Spartanern offenbar niemand streitig. Zunächst war es eben eine Niederlage. Sie wurde aber schon bald, als die wahren Gründe für das Scheitern des Leonidas nebulös zu werden begannen, in einen Akt des Durchhaltewillens umgedeutet, der den Spartanern den Nimbus verlieh, keinen Kampf verloren zu geben und bis zum letzten Mann auszuharren. Durch die jährliche Feier von Spielen zu Ehren des Königs, die Leonideien, im lokalen Gedächtnis verwurzelt, haben die Thermopylen in dieser Interpretation auch die Antike überlebt und blieben bis zur Neuzeit, gemeinsam mit Marathon, der Ort, der die Perserkriege vor allem symbolisierte. Plataiais Bedeutung reichte kaum über Griechenland hinaus, und auf Salamis bezog sich nur Octavian, der spätere Kaiser Augustus, der seinen Seesieg über den in Alexandria residierenden Antonius als neuen Erfolg des Westens über den Osten begriff.

Die Thermopylen: Der Heldentod für das Vaterland

Wenn die Schlacht an den Thermopylen Bedeutung über die Antike hinaus gewann, so liegt das vornehmlich an dem berühmten Epigramm des Simonides, das schon Herodot am Ort des Geschehens las. Es wandelte eine verlorene Schlacht in eine gewonnene um, indem sie zum Triumph des (Durchhalte-)Willens deklariert wurde. In dieser Interpretation erhielten die Thermopylen eine symbolische Bedeutung, wie sie sich sonst nur mit Cannae als Ort einer Niederlage verband. Schon Cicero überliefert das Epigramm in einer eigenen Übersetzung, die später von Schiller eingedeutscht wurde: «Wanderer, kommst du nach Sparta, verkündige dorten, du habest uns hier liegen gesehn, wie das Gesetz es befahl.» Angeredet wird im Original ein «Fremder», griechisch *Xenos*. Das ist dasselbe Wort, mit dem die Spartaner anders als die Athener, die von *Barbaroi* sprachen, auch die Perser bezeichneten, doch hat der Ciceronische Wanderer sicher seine inhaltliche Berechtigung. Das Wort, das Probleme bereitet, ist dasjenige, dem die Spartaner bis in den Tod Folge geleistet hatten. Simonides hatte den Plural *Rhemata* verwandt, und das ist zunächst einmal nur das «Gesagte». Es kann mit «Befehl» übersetzt werden, aber auch, wie es Cicero und vor ihm vermutlich auch Herodot verstand, als «Gesetz», und zwar Gesetz als staatliches Gebot bzw. Norm, wie sich der Hoplit in der Phalanx zu verhalten habe. Letztlich spielt das aber kaum eine Rolle, denn die Motive des Leonidas erhellt das Epigramm nicht. Es gehorcht dichterischen Gesetzen, und spiegelt in erster Linie wider, wie die Spartaner die Schlacht im Nachhinein gesehen haben wollten.

In der Spätantike ging die politische Ausdeutung des Geschehens verloren, das Epigramm wurde nicht mehr zitiert. Leonidas wurde ein Exempel der Tapferkeit, der seine Dreihundert am Morgen der Schlacht aufforderte zu frühstücken, als ob es das Mittagessen in der Hölle gäbe. Genau als ein solches Beispiel der Tapferkeit taucht der Spartaner aus dem Vergessen des Mittelalters wieder in der Renaissance auf, und zwar im Freskenzyklus des Pietro Vannucci (Perugino) im Collegio del Cambio in Perugia (1497–1500). Dort erscheint er neben Perikles, dem Vertreter der Redekunst, in antikisierender Rüstung als Personifikation der *Fortitudo* (Tapferkeit). Das Bildprogramm von Perugia geht auf die Sammlung *Facta et dicta memorabilia* (Bemerkenswerte Taten und Aussprüche) des Valerius Maximus aus dem 1. Jahrhundert n. Chr. zurück; Herodot wurde, obwohl er inzwischen in lateinischer Übersetzung vorlag, noch nicht wahrgenommen. Auf ihm fußt (mittelbar) die andere berühmte Darstellung des Leonidas als jugendlicher Held – Jacques-Louis Davids in nahezu 15-jähriger Arbeit (1799–1814) entstandenes Gemälde «Leonidas an den Thermopylen». Es zeigt einen sich mit Idealkörper präsentierenden, dem Beschauer und der Geschichte frontal zugewandten Feldherrn mitten in einem Getümmel schuhebindender, waffenschwingender oder einfach nur tänzelnder Spartiaten, die offensichtlich den Ernst der Situation nicht so ganz erkannt haben. Nach eigenem Bekunden wollte David das Gefühl der Vaterlandsliebe versinnbildlichen, und passend dazu erscheint auf der linken Felswand des Thermopylenpasses bereits vor der Schlacht das Epigramm des Simonides.

Im 18. Jahrhundert wurden die Ruinen Griechenlands wiederentdeckt, die Aufklärung diskutierte das spartanische Gesellschaftsmodell, die Erinnerungskultur orientierte sich an antiken Kulten, die Antike stand im Blickpunkt eines neu erwachten politischen Interesses. Es beförderte die Rezeption der Thermopylenschlacht, dass das heroische Exemplum allen Seiten dienen konnte. Leonidas durfte in Frankreich als konstitutioneller Monarch auftreten oder auch als Führer von Bürgern, die sich für die Republik opferten, an der sie Anteil hatten. In Deutschland stritten die Thermopylenkämpfer für demokratische Refor-

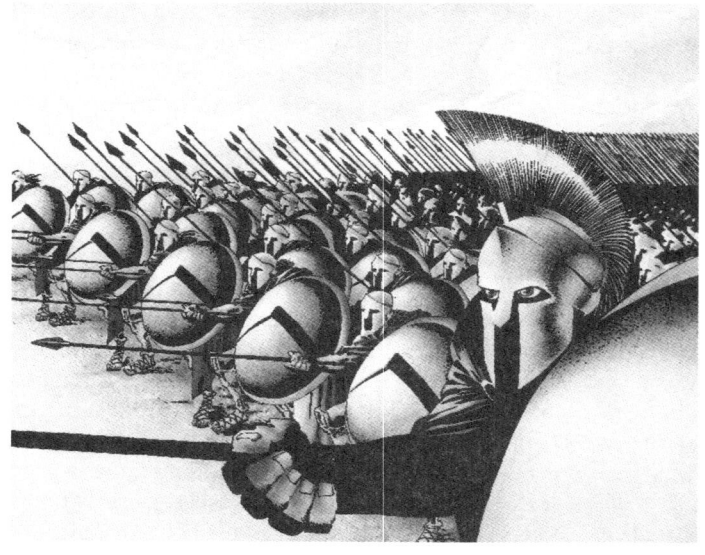

Abb. 11: Frank Miller, 300. Die spartanische Phalanx

men oder verteidigten die bestehende Kleinstaaterei. Schillers
einprägsame Übersetzung und die Präsenz in Schul- und Ge-
schichtsbüchern machten im 19. Jahrhundert Simonides' Epigramm zur Inschrift, die unabhängig von Zeit, Ort, Anlass und
Grund vom sinnvollen Tod für das Vaterland «kündete». Auf
den Schlachtfeldern des Ersten Weltkrieges, in Frankreich und
Flandern, forderten Steindenkmäler alle nur möglichen Wanderer auf, in der Heimat zu melden, was sie gar nicht gesehen hatten. Auch Angriffskriege galten nun als Verteidigung der Heimat, die im 20. Jahrhundert von einer nationalen zu einer europäischen und schließlich zu einer abendländischen wurde. Der
Geist des Leonidas wurde jetzt beschworen, um die Welt vor der
asiatischen Despotie zu retten. 1943 lagen die Thermopylen in
Stalingrad. Am 10. Jahrestag der «Machtergreifung» sprach
Göring im Rundfunk vom «größten Heroenkampf» der deut-
schen Geschichte: «Und es wird auch einmal heißen: Kommst

du nach Deutschland, so berichte, du habest uns in Stalingrad liegen sehen, wie das Gesetz, das heißt, das Gesetz der Sicherheit unseres Volkes, es befohlen hat.»

Die «Thermopylen» überlebten das «Dritte Reich», sie überlebten erstaunlicherweise auch das Ende des Kalten Krieges und retteten sich in die Bush-Ära. Der vom Regisseur Zack Snyder nach einer Comic-Vorlage gedrehte Film «Dreihundert» gilt als Allegorie des Irakkrieges, doch bleibt die transportierte Ideologie, im Gegensatz zu dem 1962 in Hollywood entstandenen Film «The 300 Spartans» von Rudolf Maté, eher dunkel. Die einzige Freiheit, welche die «300» gegen einen wehrkraftzersetzenden spartanischen Senat und die angreifenden Barbaren verteidigen, ist die des schlechten Geschmacks. Im Nachkriegsdeutschland hatte sich die Thermopylen-Rezeption dagegen differenzierter entwickelt. Es gab eine Linie der Kontinuität, in der die Abwehr der orientalischen Perser weiterhin als Modell für die Verteidigung vor dem ‹asiatischen› Bolschewismus verstanden wurde. Wenn Hermann Bengtson in seinem Handbuch der Griechischen Geschichte von der «dunklen Wolke des persischen Despotismus» räsoniert, die sich auftürme, um die «höchsten Güter im Leben der abendländischen Menschheit» zu verschlingen, so hat das sicher damit zu tun, dass er glaubte, nur wenige Jahre vorher als Kriegstagebuchschreiber der nach Stalingrad wieder aufgestellten sechsten Armee das Seinige getan zu haben, um – ein weiteres Zitat – «den Ansturm des Ostens zu meistern».

In der bildenden Kunst widmete sich der aus dem Exil zurückgekehrte Oskar Kokoschka dem Thema. Als Schenkung für die Universität Hamburg geplant, malte er 1954 ein großflächiges Triptychon, das auf der linken Tafel den Abschied des Leonidas in Sparta, auf der rechten die Eroberung und Zerstörung Athens und im Mittelbild das eigentliche Schlachtgeschehen zeigt. Der linke Flügel versinnbildlicht den Frieden der Heimat und steht damit konträr zum rechten, der die Schrecken des Krieges durch losgerissene Raubtiere, entmenschte Soldaten und von Spießen durchbohrte Kinder zu fassen versucht. Im Zentrum der Mitteltafel steht nicht der Held der Thermopylen,

sondern ein entschlussloser Kämp-
fer, vom Künstler selbst «der Zauderer» genannt, der mit diesem seinem Zögern die Sache der Freiheit
verrät, für die er sich nicht zu entscheiden weiß. Dem Zweifel abzu-
helfen unter der aktuell vergleich-
baren Bedrohung des freiheitlichen
Europas ist die didaktische Absicht
Kokoschkas, die, da sie aus dem
Bildinhalt nur schwer zu verstehen
ist, zumindest der Titel des Tripty-
chons offenlegen soll: «Thermopylae oder Der Kampf um die Erret-
tung des Abendlandes». Kokoschka
deutete sein Gemälde als Konflikt
zwischen Zivilisation und Barbarei,
doch besaß er sehr konkrete Vor-

Abb. 11: Oskar Kokoschka,
Thermopylae. Triptychon
1954, Ausschnitt aus dem
Mittelbild: «Der Zauderer»

stellungen, wer welche Rolle zu be-
setzen hatte. So heißt es in einem Brief aus der Entstehungs-
phase des Bildes: «Denke an die Russen in Europa, und Du
wirst die Aktualität verstehen und warum es nach Hamburg
bestimmt ist, wo einige Kilometer weiter weg die Tataren ihre
Pferde tränken.»

Für Heinrich Böll dagegen hat die humanistische Bildung, die
Kokoschka beschwört, augenscheinlich versagt. Die Verfäl-
schung antiker Bildungsinhalte ist ihm am Beispiel des Simoni-
des-Epigramms ein Thema, das er in dramatischen Versuchen
(«… wie das Gesetz es befahl»), Kurzgeschichten und Artikeln
vom Kriegsende bis in die siebziger Jahre verfolgt. Am bekann-
testen wurde die 1949/50 geschriebene Erzählung «Wanderer,
kommst du nach Spa…», die auch seiner zweiten Buchver-
öffentlichung den Titel gab. Ein in den letzten Kriegstagen an
die nahe Front geschickter Abiturient wird nach kurzem Einsatz
schwerverwundet in sein Gymnasium zurückgebracht, das mittlerweile als Lazarett fungiert. Dass es seine alte Schule ist, er-
kennt er erst, als er kurz vor der (vergeblichen) Operation an

der Tafel des Zeichensaals den mit eigener Hand geschriebenen Anfang des Thermopylen-Epigramms liest, mit dem er in einen, wie er inzwischen begreift, sinnlosen Tod geschickt wurde. Bölls Auflehnung gegen die Missdeutung und Verzerrung antiker Überlieferung auch und gerade durch die, die sie vermitteln sollen, blieb aber singulär.

Marathon: Der Lauf zu sich selbst

Seit es die Athener verstanden hatten, die Flottenexpedition des Dareios als Angriff auf ganz Griechenland darzustellen, gehörte Marathon zum Kanon der großen Perserschlachten, welche die Nachwelt als Verteidigung Europas begriff. J. G. Herder ist die Ausnahme, wenn er glaubt, dass sich die Perser auch bei einem Sieg in Griechenland nicht hätten behaupten können. Schon wenig später sah G. W. F. Hegel in seinen «Vorlesungen über die Philosophie der Geschichte» in jenen Kampfhandlungen wieder welthistorische Siege, die «die Bildung und geistige Macht gerettet und dem asiatischen Prinzipe alle Kraft entzogen» hätten. Wer Geschichte als Abfolge von Schlachten begreift, kann – wie der Militärhistoriker John Fuller – Marathon auch zum «Geburtsschrei Europas» machen (und Salamis damit zum Kindergeburtstag).

Von den übrigen Perserschlachten unterscheidet sich Marathon dadurch, dass dort nicht nur die Freiheit, sondern auch die Demokratie, wenn auch mehr vor den exilierten Athenern als vor den Persern, verteidigt wurde. Dieser Gedanke steht auch im Mittelpunkt des großen, 1910 entstandenen Gedichtzyklus «Marathon» von Georg Heym: «Erhabene Größe der Demokratien!/Das Recht Europas zieht mit euch zu Meere./Das Heil der Nachwelt tragt ihr auf dem Speere:/Der freien Völker große Harmonien», heißt es im zentralen Sonett VI, dem einzigen, das zu Lebzeiten des Dichters veröffentlicht worden ist.

Nach Heym freilich verblasste Marathon als Hort der Demokratie, mit Beginn des 20. Jahrhunderts verwandelte sich der Schlachtort in eine Sportart. Seit dem Jahre 1896, als an historischer Stätte ein ‹Marathonlauf› ins Programm der Olym-

pischen Spiele genommen worden war, wurde an etwas er-
innert, das es nie gegeben hat. Die Ahistorizität des Laufes ist
umstritten, doch spricht für sie ein überzeugendes *argumentum
e silentio*. Herodot, der Historiker der Perserkriege, weiß nichts
von dem Ereignis, obwohl er noch jede Anekdote erzählt hat,
die sich in irgendeiner Weise zu Ehren der Athener auslegen ließ
oder seine Zuhörer – und später auch Leser – unterhielt. Selbst
die zahlreichen Redner, die im 4. Jahrhundert die ruhmreiche
Vergangenheit Athens priesen, kennen das Geschehen nicht. Die
Legende kam wohl im ausgehenden 4. Jahrhundert v. Chr., vielleicht in Zusammenhang mit der neu geordneten Ausbildung
der Epheben, in die Welt, überdauerte den Hellenismus und war
dann bei Autoren der Kaiserzeit präsent. Die beiden erhaltenen
Zeugnisse stammen aus dem 2. Jahrhundert n. Chr., als sie geschrieben wurden, war der (fiktive) Marathonläufer schon über
550 bzw. 600 Jahre tot. Das eine Zeugnis stammt von dem Bio-
graphen Plutarch, das zweite von dem Satiriker Lukian.

Plutarch erwähnt die Geschichte nicht in seinen Biographien,
die ja auch mindestens zweimal die Perserkriege zum Thema
haben, sondern in seinen sogenannten rhetorisch-epideiktischen
Schriften. Der Titel der Deklamation, die öffentlich oder in
einer Rhetorenschule vorgetragen wurde, lautete: «Waren die
Athener durch ihre Kriege oder durch ihre Weisheit berühm-
ter?» Die Schrift wurde offenbar in ganz jungen Jahren verfasst,
vielleicht Ende der sechziger Jahre des 1. Jahrhunderts n. Chr.
Der Plutarch-Forscher Konrat Ziegler nennt sie «ein pueriles
Machwerk eines sich an Phrasen berauschenden, mit forcierter
Geistesfeindschaft kokettierenden, in einem Wolkenkuckucks-
heim schwebenden Pseudo-Patriotismus» (RE 21, 1951, 726).
Nach Plutarch (*Moralia* 347 C) lief ein Hoplit, noch erhitzt vom
Kampf, in voller Rüstung nach Athen, brach vor dem Ratsge-
bäude, dem Prytaneion, mit den Worten «Freut euch, auch wir
freuen uns» (*Chaírete*; *kai chaíromen*) zusammen und hauchte
seinen Geist aus. Plutarch beruft sich auf zwei Traditionen. Die
erste geht angeblich auf den Philosophen Herakleides Pontikos
zurück, der als Schüler Platons an der Akademie in Athen
wirkte. Für die zweite Überlieferung nennt Plutarch keinen Na-

men, behauptet aber, sie werde von der Mehrheit vertreten. Mit Herakleides wäre die Entstehung oder Verbreitung der Legende in die zweite Hälfte des 4. Jahrhunderts v. Chr. zu datieren. Der Philosoph gibt auch einen Namen an. Demnach hieß der Läufer Thersippos und stammte vielleicht aus dem Demos Eroiadai (der Name ist verschrieben), nicht allzu weit von Marathon gelegen. Die angebliche Majoritätsmeinung (Plutarchs «die meisten» ist nur eine rhetorische Floskel) gibt als weiteren Namen Eukle(e)s an, und Lukian hat sogar noch einen dritten: Philippides. Bei Lukian richtet der Läufer seine Botschaft an die Archonten, bei Plutarch bricht er – nach einer Lesart – an den Türen des Prytaneion zusammen. Tatsächlich wären die Prytanen die richtige Adresse gewesen. Auch die letzte Botschaft unterscheidet sich: Neben dem wenig aussagekräftigen «Wir freuen uns» steht das knappe «Wir siegen». Das in der Neuzeit allgemein kolportierte Perfekt *«nenikekamen»* («Wir haben gesiegt»; Inf. Präs.: *nikan*) ist dagegen nur die Verbesserung eines Schulmeisters, der sich an der antiken Präsensform störte. Für einen ausgepumpten Läufer, der seinen letzten Atemzug mit der Siegesnachricht machte, wäre die Perfektform einfach zu lang gewesen, wenn auch die gelungenen Reduplikationen der Silben die bereits vollbrachten Heldentaten fast in den Schatten stellen würden.

Die variierenden Namen lassen vermuten, dass der Läufer keinen besaß, als ihn die Legende gebar. Die Phantasie der Historiker war dabei nicht allzu groß. Eukles ist ein sprechender Name und heißt nichts weiter als der «Berühmte», Thersippos hieß ein Bote, den Alexander der Große nach der Schlacht von Issos an den Großkönig Dareios schickte, und zwar von einem Ort namens Marathos im nördlichen Phönikien aus. Der Name Philippides schließlich weist auf das Garn, aus dem die Legende gesponnen ist. Pheidippides (Variante: Philippides) war, wie erwähnt, jener athenische Schnellläufer, der vor der Schlacht von Marathon nach Sparta eilte, um dort Hilfe zu holen. Er überlebte, denn er lief ja hauptberuflich, aber auch für den Heldentod eines Läufers gibt es ein Beispiel aus der Geschichte der Perserkriege. Nach der Schlacht bei Plataiai erbot sich ein Mann namens Euchidas, das für die Opfer erforderliche heilige Feuer aus Delphi zu holen, legte die 1000 Stadien (ca. 180 km) des Hin- und Rückweges an einem Tag zurück und hauchte dann seinen Geist aus.

Die Entfernung zwischen Marathon und Athen beträgt weniger als 30 km. Nur für die ersten Olympischen Spiele der Neuzeit wurde 1896 ein «Originalkurs» von ca. 40 km gefunden. Die nächsten Marathonläufe gingen über Strecken von 40 bis 43 km. Bei der vierten Olympiade, 1908 in London, wurden erstmals genau 42,195 km gelaufen. 1921 wurde diese Entfernung dann von der Internationalen Leichtathletik-Föderation IAAF in Genf für verbindlich erklärt. Wenn auch kein historisches, so ist im 21. Jahrhundert der Marathonlauf doch das bekannteste Ergebnis der Perserkriege.

Dank

Für Kritik und Korrektur danke ich Thomas Frigo, Jürgen Frölich, Johannes Heinrichs, Werner Mayer und Jan Timmer, für die gute Zusammenarbeit Stefan von der Lahr und Andrea Morgan.

Chronologie

Glossar

Agorá: Marktplatz

Aitía: Beschuldigung, «Anlass»

Alkmeoniden: Attisches Adelsgeschlecht (Stammvater: Alkmaion oder Alkmeon)

Amphiktyonie: Verband von Staaten zum Schutze eines Heiligtums

Arché: Herrschaft, Reich

Árchon: Oberbeamter. In Athen gab es neun jährlich wechselnde Archonten

Areiopag: Staatsgerichtshof, der aus ehemaligen Archonten gebildet wurde

Atthidograph: Verfasser einer Atthis

Atthis: Geschichtswerk über Athen

Boulé: Rat der 500 in Athen: vorberatende Behörde für die Volksversammlung

Bouleuten: Mitglieder der Boulé, jährlich gewählt, später gelost

Chorege: Bürger, der Schauspieler und Chor während der Einstudierung eines Dramas bezahlte

Demos: Gesamtheit der Bürger; Volk als Gegensatz zur Aristokratie; beschlussfassende Mehrheit in der Volksversammlung; Verwaltungseinheit in Attika

Drachme: Währungseinheit: 1 Drachme = 6 Obolen, 1000 Drachmen = 1 Talent

Ekklesía: Volksversammlung

Epheben: Junge Männer, die ab dem 18. Lebensjahr eine zweijährige staatliche Ausbildung absolvierten

Ephoren: Die fünf höchsten, jährlich gewählten Beamten Spartas

eponym: «Namengebend». Das attische Jahr wurde nach dem eponymen Archonten benannt

Hegemón: Herrscher, Führer, Gebieter

Hellenotamíai: Zehn athenische Beamte, die die Tribute der Bündner verwalteten

Heloten: Von den Dorern unterworfene Bewohner Lakoniens; Staatssklaven in Sparta

Hippeis: «Ritter»; seit der Reform Solons die zweite Vermögensklasse

Hopliten: Schwerbewaffnete Fußsoldaten

Isonomie: «Rechtsgleichheit»; Synonym für Demokratie

Medismós: Parteinahme für die Perser

Nauarchos: Flottenführer

Obole: Währungseinheit: 6 Obolen = 1 Drachme

Ostrakismós: Scherbengericht, durch das ein attischer Bürger zu zehn Jahren Verbannung ohne Ehr- und Vermögensverlust verurteilt werden konnte

Peisistratiden: Söhne bzw. Anhänger des Tyrannen Peisistratos

Pentekontaetie: «50 Jahre»; die Zeit zwischen den Perserkriegen (480/79) und dem Peloponnesischen Krieg (431–404)

Phóros, -oi: Beitrag der Bundesmitglieder im 1. Attischen Seebund

Phyle: «Stamm»; in Athen seit 508/7 eine von zehn Unterabteilungen der Bürgerschaft, die im Krieg eine militärische Einheit stellte und 50 Bouleuten in den Rat entsandte

Poliorketik: Belagerungstechnik

Polis, -leis: Stadt(staat)

Prophasis: («Tieferer») Grund

Proxenie: Staatsgastfreundschaft

Prytanen: Geschäftsführende Mitglieder der Boulé: für jeweils ein Zehntel des Jahres je 50 Bouleuten aus einer der zehn Phylen

Prytanie: Amtsdauer der Prytanen (35/36 Tage)

Psephisma, -ta: Beschluss (der Volksversammlung)

Satrap: Statthalter des (persischen) Großkönigs

Stele: Säule, Pfeiler

Stoa: Säulenhalle

Stratege: Feldherr; einer der zehn obersten, jährlich gewählten Beamten Athens

Symmachoi: Verbündete, Mitglieder einer Symmachie (Kampfgemeinschaft)

Synhédrion: Beratende Versammlung (des 1. Attischen Seebundes)

Talent: Währungseinheit: 1 Talent = 6000 Drachmen

Theten: Seit der Reform Solons die vierte Vermögensklasse

Triere: Dreiruderer

Literatur

A. Albertz, Exemplarisches Heldentum, München 2006

J. M. Balcer, The Persian conquest of the Greeks, 545–450 B. C., Konstanz 1995

R. Bichler, Herodots Welt, Berlin 1999

R. Bichler, R. Rollinger, Herodot, Hildesheim 2000

B. Bleckmann, Herodot und die Epoche der Perserkriege, Köln 2007

P. Briant, L'empire Perse de Cyrus à Alexandre, Paris 1996 (engl.: From Cyrus to Alexander, Winona Lake 2002)

G. Cawkwell, The Greek Wars. The failure of Persia, Oxford 2005

J. Fischer, Die Perserkriege, Darmstadt 2013

M. Flashar, Die Sieger von Marathon – zwischen Mythisierung und Vorbildlichkeit. In: Retrospektive. Konzepte von Vergangenheit in der griechisch-römischen

Antike, hrsg. von Martin Flashar, H.-J. Gehrke und E. Heinrich. München 1996, 63–85

W. Ekschmitt, Der Aufstieg Athens. Die Zeit der Perserkriege, München 1978

P. Funke, Athen in klassischer Zeit, München ³2007

H.-J. Gehrke, Marathon (490 v. Chr.) als Mythos. In: G. Krumeich, S. Brandt (Hgg.): Schlachtenmythen. Ereignis – Erzählung – Erinnerung. Köln, Weimar, Wien 2003, 19–32

H. R. Goette, Th. M. Weber, Marathon, Mainz 2004

J. Heinrichs, Ionien nach Salamis. Die kleinasiatischen Griechen in Politik und politischer Reflexion des Mutterlands, Bonn 1989

C. Hignett, Xerxes' Invasion of Greece, Oxford 1963

K.-J. Hölkeskamp, Marathon. Vom Monument zum Mythos, in: Gab es das Griechische Wunder? Hrsg. v. D. Papenfuß u. a., Mainz 2000, 329–353

M. Jung, Marathon und Plataiai. Zwei Perserschlachten als ‹lieux de mémoire› im antiken Griechenland, Göttingen 2006

P. Kehne, Leonidas oder die Suche nach dem ersten politischen nationalen Helden Europas, in: Strzelczyk, J., Die Helden in der Geschichte und der Historiographie, Poznań 1997, 21–47

W. Kierdorf, Erlebnis und Darstellung der Perserkriege. Studien zu Simonides, Pindar, Aischylos und den attischen Rednern, Göttingen 1966

M. Meier, Die Thermopylen – Wanderer kommst Du nach Spa(rta), in: Die Griechische Welt. Erinnerungsorte der Antike, hrsg. v. E. Stein-Hölkeskamp u. K.-J. Hölkeskamp, München 2010, 98–113

K. Meister, Die griechische Geschichtsschreibung, Stuttgart 1990

D. Murray, Das frühe Griechenland, München ⁶1998

St. Rebenich, Leonidas und die Thermopylen, in: A. Luther, M. Meier, L. Thommen (Hgg.), Das frühe Sparta, München 2006, 193–216

K. Ruffing, Salamis – Die größte Seeschlacht der Alten Welt, Gymnasium 110, 2003, 1–32

R. Schulze, Die Perserkriege, Berlin 2017

P. Siewert, Der Eid von Plataiai, München 1972

R. H. W. Stichel, Die ‹Schlangensäule› im Hippodrom von Istanbul, Istanbuler Mitteilungen 47, 1997, 315–348

H. T. Wallinga, The Ionian Revolt, Mnemosyne 37, 1984, 401–437

G. Walser, Hellas und Iran, Darmstadt 1984

U. Walter, Herodot und die Ursachen des Ionischen Aufstandes, in: Historia 42, 1993, 257–278

Ders., Herodot und Thukydides – die Entstehung der Geschichtsschreibung, in: Die griechische Welt, 400–417

K.-W. Welwei, Das klassische Athen, Darmstadt 1999

Ders., Sparta, Stuttgart 2004

J. Wiesehöfer, Das antike Persien, München ⁵2015

Ders., Das frühe Persien. Geschichte eines antiken Weltreichs, München 1999

M. Zahrnt, Der Mardonioszug des Jahres 492 v. Chr. und seine historische Einordnung, Chiron 22, 1992, 237–279

Ders., Marathon – Das Schlachtfeld als ‹Erinnerungsort›, einst und jetzt, in: Die Griechische Welt 114–127

Die Herodot-Übersetzungen stammen von A. Horneffer, Herodot, Historien, Stuttgart ⁴1971; zu Xenophon s. G. Strasburger, Xenophon, Hellenika, Darmstadt ²1988, zu den Inschriften s. K. Brodersen, W. Günther, H. H. Schmitt, Historische Griechische Inschriften in Übersetzung, Band I: Die Archaische und Klassische Zeit, Darmstadt 1992 (HGIÜ I).

Register